日本人として知っておきたい

天皇と日本の歴史

皇室の謎研究会 編　彩図社

はじめに

2016年8月、天皇陛下のビデオメッセージが全国に放映された。それは、**陛下が退位のご意向を示す**という衝撃的なものだった。メディアは関連ニュースを連日報道し、政府は有識者会議を設けるなど、政府や国民全体をも巻き込む問題となる。

「国民統合の象徴」として、日本人なら誰もが天皇のことを知っている。しかし、国民に向かって話される陛下のお姿を見て、こう思った人も多かったのではないだろうか。

「日本人にとって天皇とは何なのか？」

天皇家は、**世界最長の歴史を誇る王室**である。その起源については諸説あるが、日本の歴史や神話を記した『日本書紀』『古事記』に基づけば、2600年以上も続いていることになる。

歴史上、天皇家は何度も危機に瀕した。だが、天皇に成り代わろうとする人物が現れても、天皇家を倒すまでには至らなかった。近代の世界史を見渡せば、敗戦の後、王室はなくなるか交代するのが通例だ。にもかかわらず、太平洋戦争が終わっても、天皇家は存続した。

これらの点においても、天皇家は世界に稀な存在だが、その歴史は意外と知られていない。しかし、日本の歴史は、天皇家が歩んできた歴史と密接に関係しており、その存在を語らずに日本史を理解することはできない。

そこで本書では、天皇家の歴史を追いながら、日本人にとって天皇がどのような存在なのかをわかりやすく解説した。

第一章は、天皇家がどのような一族なのかについて、第二章は天皇が日本の君主になるまでの経緯を解説する。第三章は天皇に成り代わって政治の実権を握った有力者について、第四章は江戸時代の武家政権から明治維新で権威が復活するまでの姿を描く。第五章は「不可侵」とされた戦前の天皇を解説。そして第六章では、戦後の象徴天皇について説明している。

これらの内容から読み取れるのは、天皇が政治の中枢にいた時代は意外に少なく、ほとんどの期間で**「権威の象徴」**として存在していた点だ。言い方を変えれば、「象徴」だったからこそ、皇位は継承し続けられたともいえる。これがもし、国家に君臨して専横政治を行う独裁者であれば、天皇家は革命で倒されていた可能性も否めないのだ。

天皇は日本という国に、どんな影響を与えてきたのか。我々国民にとって、天皇とはどんな存在で、どうあるべきなのか。

本書が、天皇と日本人の関係について興味を深めていただける入り口となれば幸いである。

日本人として知っておきたい

天皇と日本の歴史

目次

第一章 天皇家とはどのような一族なのか？

第二章 天皇が日本の支配者になれたのはなぜ？

第三章 天皇と有力者たちの熾烈な権力闘争

第四章 不遇の時代から維新の原動力へ

第五章 強く生まれ変わった近代の天皇

第六章 象徴となった戦後天皇の新しい課題

大正天皇の大礼のため京都に着いた皇族たち（「御大礼記念写真帖」国会図書館所蔵）

第一章

天皇家とはどのような一族なのか？

1 そもそも天皇とはどのような存在なのか？

世界最長の王朝・天皇家

人類が文明を築き上げたのとほぼ同時に、王朝の歴史は始まった。そして、ヨーロッパや中東、中国など、世界各地で王朝は興亡を繰り返し、その結果、現在は27の王室が残っている。その中で最も古い王室が、天皇家である。現在の天皇、つまり今上《きんじょう》天皇は、初代神武《じんむ》天皇から数えて125代目にあたる。神武天皇の時代から数えれば2600年以上、**実在が確認されている6世紀前半から数えても1500年近い歴史がある**、超長期王朝だ。2番目に古い英国王室でさえ、その歴史は950年ほどだから、天皇家がどれだけ長く続いているかがわかる。

では長い歴史を経て、天皇は現在どのように位置づけられているのだろうか？　また、日本の歴史の中で、どのような存在として受け入れられてきたのだろうか？

新年を迎える天皇ご一家（朝日新聞社提供）

政治的権力を持たない天皇

1946年に公布された「日本国憲法」では、天皇の存在を**日本国民統合の「象徴」**と規定している。簡単に言えば**「政治的実権を持たない王制」**だ。

実際、現在の皇室制度では、天皇は国政に関する権限を何一つ有していない。天皇が公的に行うことができるのは、内閣総理大臣の任命や栄典の授与など形式的な「国事行為」に限られている。

しかし、実権がないとはいえ、天皇には**「権威者」**としての顔があるといわれる。権力はないが、ときの政権を権威によって保証してきた、というわけだ。

往古には天皇が直接政治を行う「親政」の時代もあったが、史実とされる中では短期間でしかない。実際には、**権威と権力を分散し、天皇が権威を、時の為政者が権力を担うことで、日本は国家を構築してきた**のである。

実際、4世紀頃に成立したとされるヤマト朝廷においても、天皇は早い段階から政治の場を離れ、政権運営は補佐役を中心に進められた。平安時代には、天皇家と婚姻関係を結んだ貴族が実権を握ったし、鎌倉時代以降も武家が政権を担うなど、統治者として天皇の姿は見られない。

やがて明治期に入ると、幕府から朝廷に政権が返上され、大日本帝国憲法には「天皇は統治権を総攬《そうらん》する」と明記された。これで絶大な権力を有したようにも見えるが、慣行として、天皇は政府の方針を却下する権能は持たず、内閣の決定事項を覆すことは一度もなかった。

一方、どの時代においても、**権力者が実質的な統治権力を手に入れるためには、権威の象徴である天皇からお墨付きを貰う必要があった**。

そしてこの仕組みこそが、天皇家が永らえた理由の一つでもある。歴史上、政治不信の矛先がときの政権に向けられることはあっても、天皇が標的になることはほぼなかった。他国の場合、君主が暗殺されることが少なくなかったが、天皇の場合、暗殺されたことが明確なのは32代崇峻《すしゅん》天皇だけ。**権威者として生きてきたことが、結果的には天皇家の存続を助けた**のである。

祈る存在としての天皇

さらに、天皇には権威者としての存在だけでなく、もう一つ大きな側面がある。それが、「祈る存在」としての天皇だ。

天皇家の主たる宗教は**神道**《しんとう》である。歴代天皇は神に豊作を祈願し、国土の安泰と人々の幸福を祈るために祭祀《さいし》を行ってきた。戦前までは、この神に祈りを捧げる行為こそが最も重要な国事とされ、「私的行為」と位置付けられる現憲法下でも、年間約20回もの神事が行われている。

もともと天皇は「スメラミコト」とも呼ばれており、その意味は人々を「澄める」「統べる」者だと解釈されている。現代の「国民統合の象徴」という天皇の地位は、古代の天皇の性格にも、通じるところがあるのである。

まとめ

- 現在の天皇は政治的実権を持たない「国民統合の象徴」に位置づけられている
- 歴史上、天皇は「権威者」として権力者にお墨付きを与える存在だった
- 神道の祭祀を担い、国家安穏や人々の幸福を祈ってきた

2 天皇と神社はどのような関係なのか？

神道の祭祀を行う神社

前項で紹介したとおり、天皇は古代より、**神道における祭祀のトップ**を務めてきた。そのため現在の皇室でも、神道に基づく行事として宮中祭祀が行われている。

神道とは、樹木や川などの自然や祖先の霊などに神の姿を見出し、崇拝の対象とする日本の伝統的宗教だ。天皇家は、この神道を代々守り続けてきた家系である。

ただ、元は自然発生的におこってきた信仰であるから、教祖は存在せず、キリスト教の『聖書』のようなテキストがあるわけでもない。**神道は、祭祀などの儀礼が中心**なのである。

神職にある者は、供え物や歌、舞などを八百万《やおよろず》の神々に奉納し、国家安泰や五穀豊穣《ごこくほうじょう》を願う。

2014年3月26日、伊勢神宮の内宮正殿で参拝を済まされた陛下（産経新聞社提供）

この神職の頂点に、**天皇は「祭祀王《さいしおう》」として君臨している。**

そして、この祭祀によって神々が活躍した古の世界が再現される。その再現空間こそが「神社」なのだ。

なお、神社には「大社」「宮」などの社号があるが、これは明治時代に神道の地位が向上してから整備されたランク付けである。天皇家を祀っている神社はもっとも社格が高く、「神宮《じんぐう》」と呼ばれた。初代神武《じんむ》天皇を祀った奈良県の橿原《かしはら》神宮や、初詣で日本一の参拝者数を誇る明治神宮がその例だ。

天皇の権威を高めた神宮

そして、これらの中でも別格の神社が三重県にある。**天皇家の祖先神アマテラスを祀る「伊勢神宮《いせじんぐう》」**だ。

神話において、アマテラスは神武天皇から5代遡《さかのぼ》る天皇家の皇祖神《こうそしん》である。つまり、**神話に従えば天皇は神の子孫であり、アマテラスは天皇のルーツ**ということになる。そのため現代の皇室でも伊勢神宮は崇められ、毎年元旦の早朝には、天皇が皇居内で伊勢神宮に向かって礼拝をする儀式が執り行われている。

古くは天武天皇の時代から、伊勢神宮は特別だった。皇女が祭祀者として仕える「斎王制《さいおうせい》」や、20年ごとに社殿を新造して祭神を遷《うつ》す「式年遷宮《しきねんせんぐう》」など、特別な制度が導入されてきた。鎌倉時代には、日本を攻めるモンゴル軍が伊勢神宮より吹いた「神風《かみかぜ》」によって撃退されたと言われ、江戸時代には伊勢神宮を参詣するお蔭参りが庶民の間で爆発的な人気をみせた。

そして、明治になって天皇の権威が向上すると、伊勢神宮の地位は揺るがないものとなる。政府は伊勢神宮をこれまで以上に厚遇することで、**アマテラスの末裔《まつえい》である天皇の権威を高めようとした**のである。各地の神社は伊勢神宮を頂点に組織化され、天皇は神社のトップに君臨した。

このような歴史や政策を経て、天皇家と伊勢神宮は切っても切れない関係になった。こんなエピソードがある。太平洋戦争後、昭和天皇により人間宣言の詔書が出されたときのこと。詔書の文案が練られたとき、昭和天皇は自分が「現人神《あらひとがみ》」でないことは認めたのだが、「アマテラスの子孫」であることを否定する文言だけは、断固拒否したという。それだけ、伊勢神宮を通じた祖先との結びつきを昭和天皇は重んじたということだろう。

天皇家と神社に訪れた危機

だが、極端な天皇崇拝が日本人を狂わせ、戦争に進む一因になったことは否めない。そう判断した連合国軍総司令部（ＧＨＱ）は、国と神道の分離を目的とした**神道指令**を下す。これにより、公務員として身分が保障されていた神職は一挙に失職し、学校や役所に設置された神棚も全て廃棄。神社廃止案や、天皇の戦争責任論も上がるなど、天皇家と神道は危機に立たされた。

しかし結局、日本人の反発を恐れたＧＨＱによって天皇制は温存され、さらに神社関係者が結束したことで神社が廃止されることもなかった。現在の神社は、他の宗教とわけ隔てなく扱われるが、皇室と関わりの深い神社では、祭礼の際に天皇から勅使が遣わされ、捧げ物が奉納される。神社は儀礼を皇室と共有することで、**日本の習俗を今に伝えている**のである。

まとめ

- 天皇は、八百万の神々を崇拝対象として儀式を行う神道の主宰者でもある
- 神道の儀式を行ったり、空間を演出したりする場所が神社である
- 皇祖神アマテラスを祀る伊勢神宮は、数ある神社の中でも特別な地位にある

3 天皇という称号はいつから使われたのか？

かつて「大王」と呼ばれた天皇

テレビや新聞、教科書や歴史書では、当たり前のように「天皇」という言葉が使われる。しかし、いつから使われていたかと聞かれると、なかなか答えは思い浮かばないものだ。

ご存知のとおり、天皇は日本の君主の称号だが、**５世紀頃の国内では「大王（オオキミ）」という称号が使われていた**。根拠は、埼玉県の稲荷山《いなりやま》古墳から出土した鉄剣にある。その銘文に「獲加多支鹵《ワカタケル》大王」の名と、西暦４７１年を示す「辛亥」の年号が記されていたためだ。

大王という漢字には、中国から与えられた称号「倭国王《わこくおう》」の影響がみてとれる。中国は、臣下の礼をとった君主に爵位を与え、「王」と呼んだ。このお墨付きをもらえば、周辺国は対抗勢力

6世紀後半の東アジア情勢

との争いを優位に進めることができる。オオキミは**「王」という字の権威を自身の尊称と結びつけた**わけである。**「大王」や「倭国王」などの尊称は中国の影響を色濃く受けていた**わけだが、この尊称が「天皇」と変わったのも、東アジアの国々との外交関係に起因するのだ。

中国皇帝と対等の関係を目指していた

日本は弥生時代から、朝鮮半島南端に位置した**任那《みまな》（伽耶諸国）**と交易を行っていたとされている。中国大陸の文化や朝鮮の鉄などは、この地を経由して日本列島に運ばれていたため、交通の要所として重要な地域であった。

だが、6世紀後半から朝鮮半島で高句麗《こうくり》や新羅《しらぎ》が対立するようになると、任那は新羅に併呑され滅亡。倭国が確保していた朝鮮半島の権益も、奪われる恐れが生じた。

この事態を打開するために必要なことは何か。朝鮮半島の国々は、従来通り中国に朝貢し、臣下の立場を取っていた。そこで大王は、**中国と対等の関係を築くことで、朝鮮半島の国々より上位に立とうとした**のである。対等の関係を目指す以上、中国皇帝から付与される王という称号はふさわしくない。そこで、王に代わる新しい君主号が求められるようになったというわけだ。

さらに国内事情も関係していた。6〜7世紀前半のヤマト政権では、**大臣《おおおみ》・大連《おおむらじ》**が政務を担っていた。大王の補佐役のような印象を受けた人もいるかもしれないが、それは少し違う。7世紀の大臣・蘇我馬子《そがのうまこ》のように、大臣と大連は大王に拮抗する立場だった可能性があるのだ。

つまり、大王を中心とする政権を確立するためにも、よりインパクトの強い称号が必要だった。天皇という称号が誕生する契機は、こうした**内外の変化**にあったのだ。

「天皇」と「日本」の誕生

では実際にはいつごろから天皇号が導入されたのだろうか?

奈良県の飛鳥池工房遺跡から出土した木簡には、天武朝の時代である「丁丑（677）年」の字とともに「天皇」の文字が記されていた。天皇の名が見られる資料の中では最も古い。

また、『日本書紀』によれば、608年に推古《すいこ》天皇が中国の隋に送った国書には「東の天皇」という記述が存在するという。そうなると、**天皇の称号は7世紀初頭には使われ、7世紀後半の天武天皇の時代にある程度定着したと考えることができる**だろう。

そして、尊称の変化後、国名への意識も変わった。「小さく醜い」という意味が含まれ、中国の属国的な「倭」という国名を否定して、「日本」という国号が定められたのである。それは、天皇号が広まった直後の8世紀初頭のことだと考えられている。ヤマト政権は、君主号と国号を改めることで、**独立国家「日本」の統治者である立場を、国内外に示した**のである。

なお、「天皇」という名称の由来は諸説あるが、天皇の「天」は皇祖神である「天照大神」に通じ、また「皇」は皇帝を表すという説がある。この説に従えば、天皇の二文字からは、「天の神の系譜に連なり、皇帝の格を持った君主」という意味を見出すことができるのである。

まとめ

- **5世紀ごろまで、天皇は中国の影響を受けて大王と呼ばれていた**
- **天皇号は、7世紀後半の天武天皇の時代には使用されていた**
- **大王は新称号で中国と対等な関係を築き、朝鮮半島の国々の上位に立とうとした**

4 天皇家に苗字がないのはなぜ？

家名なき王家

皇族と民間人にはいくつもの違いがあるが、**「苗字《みようじ》がない」**こともその一つだ。

今上天皇の名前は「明仁《あきひと》」だが、姓《せい》は存在しない。また、**在位中には「君主としての名前」も存在しない**。「大正」天皇や「昭和」天皇という呼称は崩御後に贈られる諡号《しごう》であり、在世中は単に「陛下」と呼ばれたり、当代の天皇であることを示す「今上《きんじょう》天皇」と呼ばれたりする。

では天皇以外の皇族はどうだろうか？　皇族には秋篠宮《あきしののみや》、三笠宮《みかさのみや》と一見家名に思える名称がある。しかし、これは天皇から成人男性皇族に与えられる称号「宮号《みやごう》」であり、苗字ではない。なお、**宮号は親王個人の呼び名**のため、家族は含まれない。そのため息女の佳子《かこ》さまは「秋篠宮文仁親

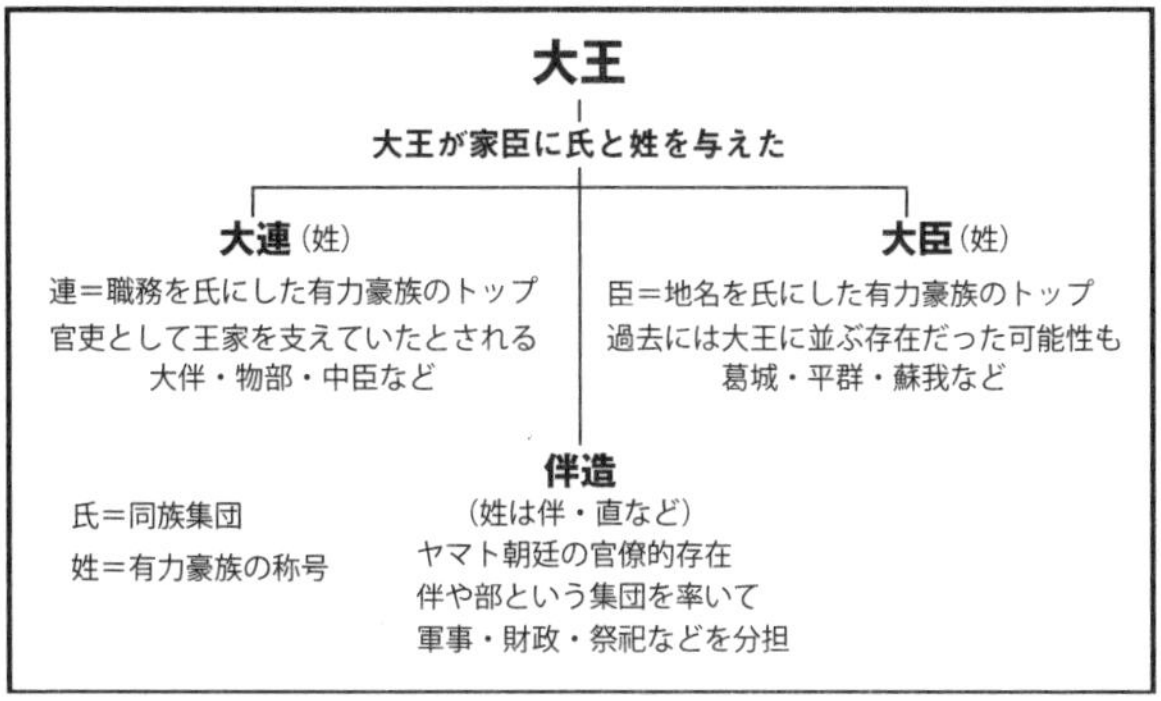

中央の氏姓制度

王殿下、第2女子の佳子さま」と呼ぶのが適切だ。

このように、天皇と同じく皇族にも苗字はないが、それは男性皇族と結婚した女性民間人にも適用される。例えば、1993年6月9日に皇太子殿下と結婚された小《お》和《わ》田《だ》雅《まさ》子《こ》さんは、皇室の一員になると同時に小和田姓がなくなり、「皇太子妃雅子殿下」が正式の呼称になった。

では、なぜ日本の皇室は苗字を持たなくなったのだろうか？ それは、1500年以上前のヤマト朝廷で設けられた**「氏姓《しせい》制度」**が関係していると考えられている。

氏姓を与える立場だった天皇

「氏姓」というと、現在では家名を示す「苗字」の意味で使われるが、ヤマト朝廷においては、**身分を表す称号**として用いられていた。ヤマト朝廷は、大王を頂点として畿内を中心に形成された、豪族らによる連合組織のような国家だったと考えられている。その豪族の立場を位置付け、統制をとるために採用されたのが氏姓制度だった。

「氏」とは「氏上《うじがみ》」と呼ばれるリーダーを中心とした**「同じ祖先を持つ同族集団」**のこと。蘇《そ》我《が》、物部《もののべ》、大伴《おおとも》氏などが挙げられる。祭祀や軍事など政権の様々な職務を担当した。

一方の「姓」は、**「氏」に朝廷内での地位や家格を示すために付与された称号**だ。姓には「臣」「連」「公」「直」など数十種類がある。蘇我、葛城氏などの地元豪族には「臣」が、大伴、物部氏など早くからヤマト朝廷に服属していた豪族は「連」の称号が与えられたとされる。

そして、この制度において豪族に氏姓を授けていた存在こそが、当時は大王と呼ばれた天皇だった。つまり、**天皇は身分を超越した地位に君臨していたため、氏姓を必要としなかった**と考えられるのだ。

必要とされなかった苗字

また、そもそも天皇家は苗字を持つ必要がなかったという指摘もある。

家名のない王室は、世界でも極めて稀だ。17世紀から約300年続いたロシアのロマノフ朝や、中世から20世紀初頭のヨーロッパで絶大な勢力を誇ったハプスブルク家のように、王家に家名があるのは常識だった。

ではなぜどの王朝も家名があったのか？　それは王朝交代を繰り返すヨーロッパや中国では、家名で前王朝と区別する必要があったからだ。

例えば、中国では618年に唐王朝の「李氏」が、隋帝国の「楊氏」を滅ぼすなど、いわゆる「易姓革命」によって何度も皇帝の血筋が入れ替わっている。

だが、日本の皇室は同じ家系が続いたため、王朝と言えば天皇家のみ。そのため、**苗字を付けて他と区別する必要がなかった**わけである。

冒頭で在世中の天皇に君主としての名前がないことを紹介したが、その理由も、天皇が同時に複数並び立つことのない存在であり、名前で区別する必要がないからだと考えられるのである。

まとめ

- **天皇には苗字がなく、〇〇天皇という呼称は死後に贈られる称号である**
- **臣下に苗字を与えた立場だったため、天皇には現在も苗字がないと考えられる**
- **一つの王朝が続いた日本では苗字で他王朝と区別する必要がなかった可能性がある**

5 天皇家の結婚事情はどうなっているのか？

制限される「婚姻の自由」

好きな仕事に就き、好きな場所に住む。憲法によって誰もが保障されている権利だ。だが、皇室においては、これらの権利は制限され、仕事も住む場所も自由に選ぶことはできない。さらに皇室典範《こうしつてんぱん》第10条には、「皇族男子の婚姻は、皇室会議の議を経ることを要する」とあり、**憲法で保障されている結婚の自由まで制限されている**のだ。

皇室典範に記された**皇室会議**とは、皇室に関する重要事項を話し合う機関のこと。議員は皇族2人、衆議院議長と副議長、参議院議長と副議長、総理大臣、宮内庁長官、最高裁判所長官その他の裁判官1人の計10人で構成される。男子の結婚はこの10人の承認が前提であり、相手

左から昭和天皇、皇太子（今上天皇）、皇太子妃、香淳皇后

を見つけるのも皇室会議を考慮に入れる必要があるのだ。

戦前までの「旧皇室典範」でも、事情は似たようなものだった。天皇の許しがなければ皇族は結婚できなかったし、**皇太子の結婚相手は皇族か特に許された華族に限定**されており、自由恋愛は不可能だった。

民間人も皇族と結婚できる時代へ

しかし、時代の変化に皇室制度も対応せざるを得なかった。戦後になっても、皇太子妃選びは旧例に従い、元華族か元皇族から選出されるはずだった。ところが、旧名族は皇室社会への敬遠や各家の経済難を理由に次々と皇室入りを辞退してしまい、**7年以上も候補が決まらなかった**のである。

こうした状況に皇室関係者は元華族にこだわることを

やめ、名門女子大の生徒や有名企業の令嬢も候補に入れ始めた。

ここで最有力候補として挙げられたのが、後に皇后となる**美智子さま**だ。美智子さまの実家は群馬県館林の名家・正田家で、祖父の貞一郎氏は製粉最大手「日清製粉」の創始者である。

美智子さまと皇太子は1957年8月に軽井沢で出会った。テニスのダブルストーナメントに出場した皇太子は、3回戦で美智子さまのペアと対戦。美智子さま側の勝利だった。試合から1週間後、皇太子は再度コートへ赴いた。さらに10月には自身が企画したテニス試合で親睦を深め、次第に美智子さまの人柄や教養の深さに惹かれるようになったという。

この出会いは、前々から美智子さまに目星を付けていた東宮御教育常時参与・小泉信三《しんぞう》の仕込みだったと深読みする声もあるが、交流を通じて二人の心が急速に近づいたことは確かだ。

だが、実は**当の正田家は、この縁談を一度辞退している**。皇室入りのプレッシャーに加え、平民出身の皇太子妃誕生を嫌う旧皇族や一部右翼の脅迫も影響したからだと言われている。

国民を巻き込んだミッチーブーム

それでも、小泉はこの好縁を諦めなかった。美智子さまは1958年8月に海外へ遊学したが、帰国後の同年10月に小泉は電話や直談判で彼女を説得。すると、小泉の熱心な様子に美智子さまも心を動かされ、家族会議の末に皇室入りを決断した。そして、11月27日における皇室会議の承認によって、皇太子と美智子さまの婚約が正式に成立したのである。

一般人が皇太子と恋愛の末に結婚する前代未聞の出来事に、**世間の注目は会議の決定前から大いに高まっていた**。巷では美智子さまを真似したファッションの女性で溢れ、国民の90％以上が正田美智子の名を知っていたという。

「ミッチーブーム」と呼ばれたこの熱気は**1959年4月10日の結婚式**で最高潮に達し、皇居から青山東宮仮御所までのパレードは約53万人の国民が集まるほど大規模なものとなった。

高齢となった現在、美智子さまは体調を崩されることもあるが、それでも今上天皇との海外訪問や公務に積極的だ。その取り組みは、今後の皇后のあり方にも影響を与えるに違いない。

まとめ

- **皇族は皇室会議の許可なしでは結婚できず、戦前は一般人とは結婚できなかった**
- **戦後になると皇室も時代の変化に対応して一般人との結婚を認めるようになった**
- **一般人初の皇后に世間の注目は集まり、ミッチーブームが巻き起こった**

6 天皇はどのような生活をしているのか？

プライバシーのなかった明治天皇

明治以来約150年間、天皇家の活動の場としてあり続けている皇居。歴代天皇は、ここでさぞかし豪華な生活を送ったのだろう、と思う方もいるかもしれない。しかし、実際の生活を知ると、その思いはきっと吹き飛ぶはずだ。

天皇の生活には、**時代ごとに求められた天皇像や、天皇個人の意思などが色濃く表れている**。例えば、「天皇は神聖にして侵すべからず」と規定された大日本帝国憲法下では、天皇の生活にも徹底した清浄さが求められた。バスルームである御湯殿《おゆどの》では3人の女官が天皇の体を洗っていたが、上役が上半身を、下役が下半身を担当するしきたりがあった。「上半身は清浄、下

皇居の二重橋。今上天皇と皇后は皇居内の御所で暮らしている。

半身は不浄」という考えに基づいた規則で、湯船に入る際も、下半身に触れた湯が上半身を汚さないよう、天皇は半身浴のような格好で浸かっていたという。入浴が疲れを癒す目的ではなく、身を清める儀式として位置付けられていたためだろうが、これではあまりに窮屈だ。

しかも、入浴に限らず、**天皇には常に身の回りの世話をするスタッフが控えていた**。寝所には夜伽《よとぎ》をする権典侍という女官が、用便時には後始末役が付き添うなど、プライバシーはなきに等しい生活だった。

一方、昭和天皇も幼い頃から女官に囲まれていたが、西洋諸国への外遊経験もあり、近代的な教育を受けたことから、君主といえどもプライバシーは守られるべきと考えていた。

そのため、入浴や用足しなども含め身支度は自分で行っていたという。

天皇は家族と離れて暮らしていた

また、昭和天皇以前の皇室では、民間の暮らしと大きく異なる点があった。**親子は別居生活をするのが当然だった**のだ。大正天皇は誕生の翌年、明治天皇の外祖父・中山忠能《なかやまただやす》の屋敷に里子に出されているが、これには「天皇は日本国民の父であり、一個人の父であってはならない」という明治天皇の意思が反映されている。日本の精神的支柱となった明治天皇らしい理由だ。

この慣例は受け継がれ、昭和天皇は生後わずか70日で枢密顧問官の川村純義《すみよし》邸に、今上天皇は東宮御所《とうごうごしょ》において3歳で御養育掛に育てられることとなった。

なお、この生活の影響で、今上天皇は家族が一つ屋根の下で暮らす生活に強い憧れを抱くようになったという意見がある。民間出身の美智子さまをお妃として迎えたのも、民間の女性なら皇室とは違った家庭の温かさを知っているというお考えがあったのかもしれない。

「天皇」という激務

このように、時代の変化とともに天皇家の暮らしにも一定の変化は見られた。だが、**規則や**

しきたりに縛られた生活は、歴代天皇を通じてほぼ同じだった。

明治天皇の1日は午前8時に始まっていた。もし、寝坊すれば、毎朝の診療を行う侍医をはじめ、大勢の職員に影響が及ぶことになる。そのため、明治天皇は周囲に配慮し、ほぼ同時刻に起床、就寝していたという。

また、今上天皇も、国民の象徴という立場から、ビジネスマン顔負けの過密スケジュールで公務や皇室行事に時間を費やしてこられた。元旦早朝から祈りを捧げる「四方拝《しほうはい》」の祭祀に始まり、翌2日には一般参賀へのお出ましなど、年初めから儀式が目白押しだ。80歳を超えられた現在でも、**年間1000件以上の書類に目を通す**など、激務の一言に尽きる生活を送られている。

宮廷生活と聞けば、どこか優雅な暮らしを想像しがちかもしれない。だが、その実像は、自由とは程遠いものなのである。

まとめ

- **入浴時や就寝時など、明治天皇には世話役が常に控え、プライバシーはなかった**
- **大正天皇以降の天皇は日本国民の父を体現するため家族と離れて暮らしていた**
- **現在、天皇の生活は規則や慣習で縛られ、朝から晩まで仕事に追われている**

7 天皇の家紋が菊なのはなぜ？

日本の花ではなかった菊

徳川将軍家の「三《み》つ葉《ば》葵《あおい》」に代表されるように、日本の家には家系などを表す紋章、すなわち**家紋**が存在する。皇室もその例外ではない。皇室の家紋は、八重菊の花弁を図案化した**「菊花紋《きっかもん》」**である。食器や宮中晩餐の引き出物、車のナンバープレートなどに用いられている。

こうした現状から、なんとなく菊は日本の花のようなイメージがあるが、実は、**もともと日本には自生していなかった**。菊は、中国から伝来した花なのである。

古来、**菊は薬効ある霊草として中国で重宝された**。約2000年前に成立した薬草書『神農《しんのう》本草経《ほんぞうきょう》』にも、菊には体内の邪気を払い、血液の巡りを改善させる効能がある、と記されている。

明治天皇を祀る明治神宮の鳥居。上部に三つの菊紋が配されている。

さらに、菊が溶けた酒を飲んだ子どもが700歳まで生きたという伝承から、不老長寿の花としても信仰された。

ヤマト朝廷は大陸文化の影響を強く受けていたから、**日本でも菊は縁起がいい花として人気を集めた**。伝来したのは奈良時代末期だと考えられている。宮中では「観菊《かんぎく》の宴」が催され、民間でも、酒に菊の花を浮かべ、無病息災を願う「重陽《ちょうよう》の節句《せっく》」の風習が広まるようになった。

こうして菊が瑞祥《ずいしょう》として一般化していくと、ある天皇がこれを紋章として採り入れた。それが**後鳥羽《ごとば》天皇**だ。

菊紋を授けられた臣下

後鳥羽天皇と言えば、鎌倉幕府の事実上のトップ・北《ほう》条《じょう》義時《よしとき》と対峙し「承久の乱」を起こしたことで有名だ。

この戦いで朝廷は敗北し、天皇は隠岐《おき》へ流罪となるなど、政治的には失敗した後鳥羽天皇だが、その一方で**詩歌の素養があり、菊をこよなく愛していた**。衣服は言うまでもなく、刀剣や輿、懐紙に至るまで菊の文様を用いたという。こうして菊紋は皇室で継承され、天皇を表す紋章として根付くようになった。

やがて、菊紋は**尊皇のシンボルとして武家から崇拝されるようになる**。鎌倉幕府を滅亡させ「建武の新政」を実施した後醍醐《ごだいご》天皇は、その立役者となった武将・楠木正成《くすのきまさしげ》に、恩賞として菊紋を下賜した。もっとも、正成は畏れ多いとして紋の絵図を変え、流水を菊の下半分に配した「菊水紋」として用いていたという。

また、明治維新の功労者である西郷隆盛も、明治天皇より菊紋を賜っている。天皇自ら考案した「抱き菊の葉に菊」という紋で、「天皇を左右から補佐せよ」という意味があるという。ただ、正成同様に恐懼《きょうく》した西郷は、「自分一代限りの紋にするように」と家人に約束させたと伝えられている。正成と西郷の例を見るとわかるように、天皇から菊の紋章を授けられるのは、臣下にとって最高の名誉だったのである。

皇室の家紋として確立

だが、**実際に菊の紋様が皇室紋として正式に確立したのは、後鳥羽天皇の時代から600年以上も後の明治時代になってのことだ**。

天皇親政を掲げて発足した明治新政府にとって、**天皇の権威を高める**ことは喫緊の課題だった。そのためには、皇室の象徴だった菊紋も特別なものでなければいけない。政府は1869年に太政官布告を発令し、天皇家の紋章を「十六弁八重表菊紋」として正式に採用。さらに皇族以外の者に紋章の無断使用を禁ずる布告も出され、名実共に菊は皇室の家紋になったのである。

現在の法律では菊紋の使用は禁じられていないが、商標法によって、菊花紋章と同一または類似の商標は登録ができないことが決められており、皇室の象徴としての地位は揺らいでいない。ちなみに、日本国政府が発行するパスポートの表紙にも菊花紋章が見えるが、天皇家のそれとは微妙に異なる「十六弁『一重』表菊紋」のデザインとなっている。

まとめ

- **皇室の象徴である菊は、もともと日本にはない植物で、中国から伝えられた**
- **朝廷でも重宝された菊は、皇室のシンボルとして武家からも慕われた**
- **明治時代、天皇の権威を高めるために、菊紋は皇室の家紋として正式に採用された**

8 三種の神器が天皇家の象徴となったのはなぜ？

皇位継承の証

風土や文化、政治体制や国民性が異なれば、王室のあり方も国によってさまざまに変化する。しかし、いくつか共通している点もある。その一つが、王室に「王権を示すもの」があることだ。王室の証は、家紋や君主の徳だけではない。多くは**象徴的なもの＝レガリアを受け継ぐことで、王位継承の証としてきた**。イギリス王室の「戴冠宝器」や、かつてのフランス王室が継承した「ジョワユーズ」などがその例だ。

そして、日本皇室のレガリアともいうべき存在が、**「三種の神器《じんぎ》」**である。

三種の神器とは**「八咫鏡《やたのかがみ》」「八尺瓊勾玉《やさかにのまがたま》」「草薙剣《くさなぎのつるぎ》」**の三つを指し、それぞれ神話に由来する。

岩戸神話を描いた浮世絵（部分）。この神話中に八咫鏡と八尺瓊勾玉が登場する。

八咫鏡と八尺瓊勾玉は、**岩戸《いわと》神話**に登場する神器だ。岩戸神話は、次のような内容である。高天原《たかまがはら》の支配者アマテラスは、乱暴狼藉をはたらく弟スサノオに立腹して**岩で戸をした洞窟に篭もってしまう**。太陽神であるアマテラスが姿を隠したことで、世の中は闇に覆われ悪神が跋扈《ばっこ》。これではまずいと神々は一計を案じた。岩戸の前で宴を開きアマテラスの関心を惹こうとしたのだ。

騒がしさにつられてアマテラスが少しだけ岩戸を開いて訊ねると、「より貴い神が現れたので皆で祝っている」との答え。さらに、鏡を差し出してアマテラスの顔を映して見せた。すると、アマテラスは自分を新しい神だと勘違いした。そして、気になってよく見ようと身を乗り出したとき、力自慢のアメノタヂカラオが岩戸を押しのけ、アマテラスを引きずり出すことに成功。太陽の光も戻ってきた、という神話だ。

この伝説でアマテラスの姿を映した鏡こそ、八咫鏡だ。同じく、アマテラスを呼び出すために真榊《まさかき》という祭具が作られたのだが、その装飾具として準備されたのが、八尺瓊勾玉である。もう一つの草薙剣は、岩戸神話後にスサノオがヤマタノオロチを退治した際、その尾から現れた剣だ。スサノオはこの剣をアマテラスに献上。これがニニギノミコトに渡された。

これらの神器は朝廷で保管されていたが、10代崇神《すじん》天皇のとき伊勢神宮に移った。そして、ヤマトタケルが敵勢力征伐に出かけるとき、伊勢神宮に仕える皇女から手渡されたという。

疑われる実在

現在、八咫鏡は伊勢神宮、草薙剣は名古屋市の熱田《あつた》神宮に祀られ、八尺瓊勾玉は皇居の剣璽《けんじ》の間《ま》にあるとされている。しかし、ややこしいことに剣璽の間には草薙剣も祀られ、同じく宮中の賢所《かしこどころ》では八咫鏡が祀られている。実は、これらは**神器に準じる形代《かたしろ》であり、本物ではないのだ**。

だが、そもそも神話に由来する三種の神器は、本当に実在しているのだろうか。確かめようにも、**天皇でさえ三種の神器を見ることは許されていない**ため、実態をつかむのはまず無理だ。

とはいえ、実物であろうと形代であろうと、**神器が皇位を形付ける御印として日本人が受け**

入れてきたことに変わりはない。そのため、**歴史の中で幾度も翻弄されているのだ**。

海中に没した神器

安徳《あんとく》天皇は、平清盛を祖父にもつ天皇だ。天皇を親族にもった平家は権力を独占したが、すぐに対抗勢力に追い詰められ、壇ノ浦の戦いで滅亡。このとき、わずか8歳の安徳天皇も、八尺瓊勾玉と草薙剣を持って海中に没した。草薙剣は形代だったが、八尺瓊勾玉は実物だったという。ただ、八尺瓊勾玉は箱に入っていたため浮かび上がり源氏によって回収されている。

また、南北朝時代の朝廷の内乱の際にも、皇位の正統性を確保するために三種の神器の争奪戦が起こっている。皇位の象徴という絶対性には、**争いの種になる危険性もあった**のである。

まとめ

- **皇位の証である三種の神器は、すべて日本神話に由来している**
- **儀式に使われるのは神器に準じる形代で、本物は天皇でさえ見ることができない**
- **皇位の正統性を保証する神器は歴史の中で何度も翻弄された**

草薙剣を振り払うヤマトタケル
（「国史画帖大和櫻」国会図書館所蔵）

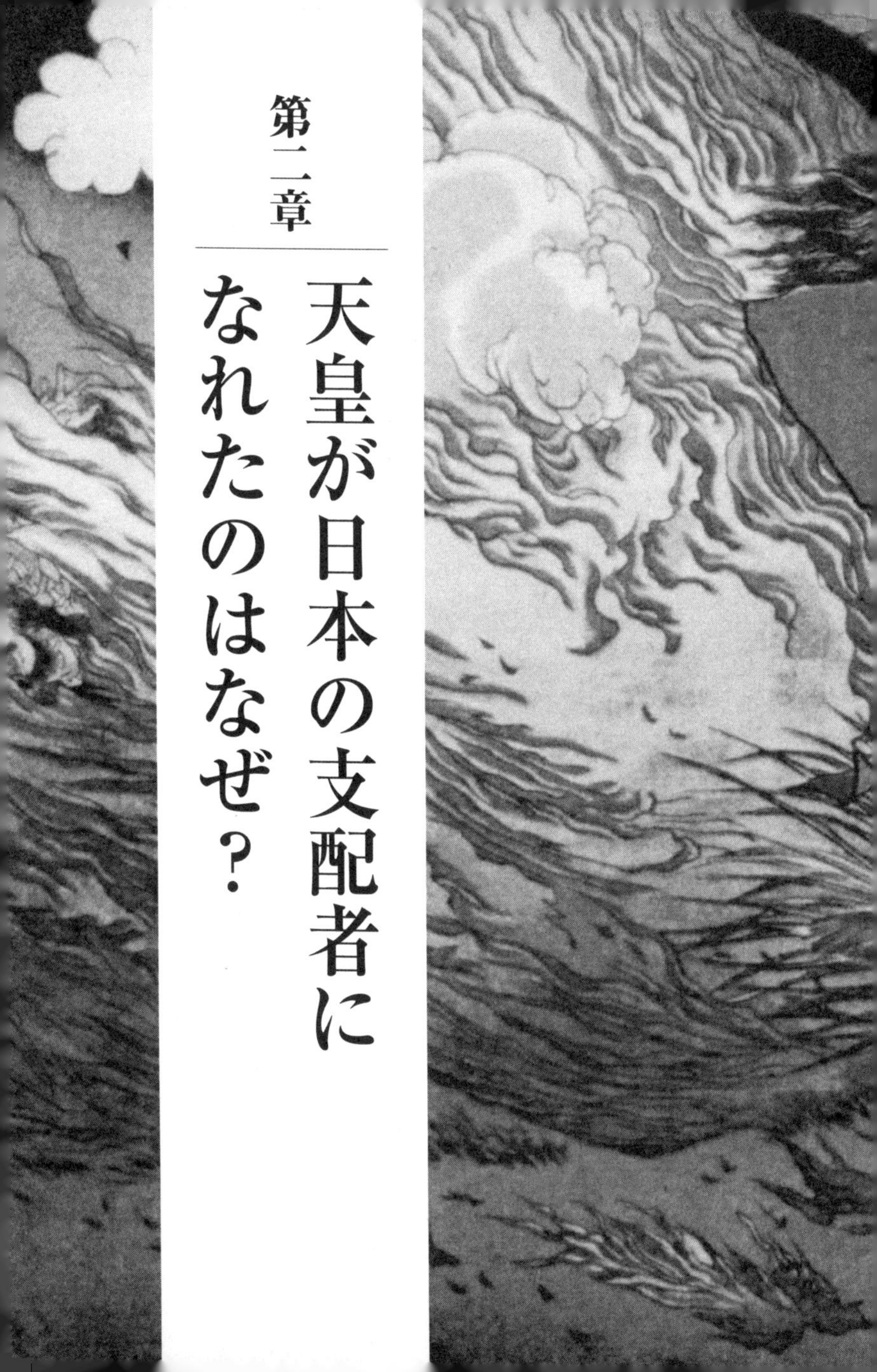

第二章

天皇が日本の支配者になれたのはなぜ？

9 『古事記』は天皇の正統性を主張している？

『古事記』編纂の目的

天地創世と神々の誕生という壮大なスケールで始まる**日本最古の歴史書『古事記《こじき》』**。

上中下の全3巻構成で、国土開闢《かいびゃく》神話から33代推古天皇までの歴史が記されている。編纂に着手したのは40代**天武《てんむ》天皇**だ。

681年頃、天武天皇は各地に伝えられていた神話や伝承などを整理し、近臣の稗田阿礼《ひえだのあれ》にその暗誦を命じた。そしてその阿礼の口述を当代一流の学者・太安万侶《おおのやすまろ》が筆記。天武天皇の崩御により編纂作業はいったん中断するものの、約30年後の712年、43代元明《げんめい》天皇の世に完成をみた。

その特徴は、単なる歴史の記述に留まらず、神々の悲哀や恋物語、復讐譚といったストー

日本列島や神々を生み出したイザナギ（右）とイザナミ（左）

リーが盛り込まれるなど文学的要素も強い点で、**後の皇族や貴族の読み物としても用いられた**という。

だが、**編纂の目的は歴史語りだけではない。最大の目的は天皇家による統治の正統性を語ることにあった**のだ。

『古事記』が生まれた背景

背景には、**政治的基盤を固めたいという天武天皇の思惑があった**。7世紀後半の天武朝の時代は、朝廷による中央集権体制が確立しつつあったが、皇位継承争いが起こるなど、政権は盤石とは言えない状況だった。

そこで**天皇家の支配力を高めようと、権威の根拠＝歴史書の編纂が決まった**。それが『古事記』だ。

『古事記』の資料となったのは、諸氏族に伝わる神話などをおさめた『旧辞《きゅうじ》』と、天皇の系譜を記した『帝紀《ていき》』だ。

史料があるのにわざわざ『古事記』を編纂したのには、当然理由がある。両書には、各氏族が家格を上げるために自家に有利な伝承を書き加えられていた。天皇家の支配の正統性を担保するには、内容を改める必要があったのである。

また、そこには**建国に至る物語を一本化することで、氏族同士の争いを避け、国内の思想を統一させる狙いもあった**と考えられている。

天皇家の祖先アマテラスが登場する神代の時代や、初代神武天皇の即位、ヤマトタケルの敵対勢力との戦いなど、その物語は天皇家や有力豪族を華々しく描き、天皇家の下で国がまとまってきたことをアピールしている。

そして、数ある神話の中でも特に天皇の王権を強く印象付けているのが、神話時代の男女の神々「イザナギ・イザナミ」の登場場面だろう。

神々の総意に由来する天皇の権威

イザナギ・イザナミと言えば、日本列島の形成を記した「国生み」神話が有名だ。天皇家の祖先アマテラスも、この二神から生まれた。国生みは、イザナギ・イザナミ以前に現れた神々の総意に基づく行為であったという。ここでは**先祖神が神々の意思によって国をつくったのだから、その子孫である天皇家が国の統治者として君臨するのも正しい**、と主張しているのだ。

とはいえ、歴史書としての価値は同時代に編纂された『日本書紀』の方が高いとみなされ、『古事記』は歴史上、ほとんど顧みられなかった。再び表舞台に出てくるのは、天皇が権力を失った江戸時代になってから。国学者本居宣長《もとおりのりなが》が再評価するまで待たなければならない。

しかし、その後は研究が進み、多くの解釈が生まれた。中でもユニークなのが、**最初に誕生した神「天之御中主神《あめのみなかぬしのかみ》」を「森羅万象の統合の象徴」ととらえる**見方だ。特別な能力や機能を備えているわけではなく、他の神々に具体的な命令を下すこともない。ただ存在するだけで、八百万の神々を統率する役割を担っていると考えられているのだ。その在り方は、政治的実権を持たないが、日本の象徴である現代の天皇の姿と共通している。

まとめ

- **日本最古の歴史書『古事記』は天皇の支配の正統性を主張するためにつくられた**
- **天皇を中心に国を一つにまとめたい天武天皇の意向で『古事記』は編纂された**
- **天之御中主神のように、象徴天皇制と似た性格の神も『古事記』には登場する**

10 日本神話から天皇家の成り立ちがわかる？

神々の時代から天皇家へ

「スサノオのヤマタノオロチ退治」や「アマテラスの岩戸隠れ」「イザナギ・イザナミの国生み」など、日本神話は現代にも語り継がれている。これらの神話は、712年に完成した『古事記《こじき》』、720年に成立した『日本書紀』の「神代」を描いた箇所に収められている。

51ページで紹介したとおり、日本神話には天皇家の支配の正統性を主張する意図が含まれている。神、人、自然が織り成す物語が次第に天皇家の成立にたどりつくのはそのためだ。

それはつまり、神話を慎重に読み解けば、天皇家の成り立ちがわかることを意味する。中でも重要なのが、**「オオクニヌシの国譲り」**神話だ。

オオクニヌシを祀る出雲大社

天皇家の成立を裏付ける「国譲り」

オオクニヌシとは、皇室の祖神であるアマテラスの弟スサノオの子孫で、その神名は「優れた国の守り神」を意味するとされている。

他の神から数々の迫害を受けながらも、オオクニヌシは地上の世界である**「葦原中国《あしはらなかつくに》」**をスサノオから譲り受けることになる。農業や医療の神でもあるオオクニヌシが統治した国は大いに栄え、その繁栄ぶりは天界の高天《たかまが》原《はら》にまで届き、アマテラスの目に留まることになった。

そこでアマテラスは、「葦原中国は我が子孫が治めるべき」として、オオクニヌシに国を差し出すよう命令した。

アマテラスはまず、第二子であるアメノホヒを使者に遣わした。しかし、逆にオオクニヌシになびいてしまい、その後の使者も思うように結果を上げられなかった。

結局、計5回の交渉でオオクニヌシは国を譲ることを承諾するが、その見返りとして、巨大な宮殿を要求する。それが島根県の出雲大社であったという。

その後はアマテラスの孫であるニニギノミコトが、日向国（現宮崎県）に「天孫降臨」し、その3代後の子孫である神武天皇が皇室の歴史を開くことになる。つまり「国譲り」は、天皇家が地上の統治者となる由来とその過程を説いた物語なのである。そのため、**この神話は朝廷でも重んじられた**。『日本書紀』でも国譲りの直前を「神代上」とし、それ以後を「神代下」と扱うなど、重要な転換期として位置付けているのだ。

現在にも生きる神話

だが、天皇家の支配の正統性を主張することが目的なのに、なぜわざわざ敵対勢力であるオオクニヌシをもちあげるような神話が語られたのだろうか？

実は、**オオクニヌシは5世紀頃まで、朝廷の守り神として崇められていた**。だが、オオクニヌシは地方豪族の信仰も集めており、このまま崇めては天皇の権威を示すことができない。そこで、オオクニヌシを存在感ある神として登場させつつ、より優れた神を掲げる必要があったのだ。

このように、神話には**天皇家が各豪族の指導者たるべき地位にあることを示す伝承**が少なくない。天孫降臨の際、ニニギノミコトが従えていた「五伴緒《いつとものお》」と呼ばれる神々も、その正体は後に宮廷の祭祀を司る中臣《なかとみ》氏や、その補佐をする忌部《いんべ》氏などの豪族の祖神であったという。

そして、日本神話は古代のみならず、現在の日本社会にも少なからず影響を与えている。例えば、2月11日の「建国記念日」は、『日本書紀』によれば、紀元前660年に奈良・橿原《かしはら》の地で神武天皇が即位した日であり、また11月23日の「勤労感謝の日」も宮中で農業の収穫を祝う「新嘗祭《にいなめさい》」が行われる日だ。この行事も天孫降臨の際、アマテラスがニニギノミコトに稲穂を授け、祭祀を行わせたことが起源とされている。

日本神話は、古代の日本人の世界観を知るうえで貴重な資料であると同時に、現代に通じる文化のルーツでもあるといえるだろう。

まとめ

- 国譲り神話は、天皇統治の由来と過程を描いた神話として朝廷で重んじられた
- 朝廷の守り神だったオオクニヌシの上位にアマテラスは位置づけられた
- 既存の神々を天皇家の支配下に置くことで、神話は天皇の優位性を示している

11 神武天皇が約2600年前に即位したとする根拠は？

弥生時代に初代天皇が即位した？

カレンダーの中には、**「皇紀《こうき》」**という年号が載せられているものもある。皇紀とは、初代天皇が即位してから現在までの年数を示すものだ。西暦2017年は皇紀2677年にあたる。そうすると、天皇家は2677年前、つまり**紀元前660年から存続していることになる**が、果たして本当なのだろうか？

紀元前660年といえば、日本は弥生時代前期にあたる。先進地帯だった中国は諸国が争う春秋戦国時代で、秦《しん》の始皇帝《しこうてい》が中国を統一する439年も前の時代だ。

即位年が正しいのならすごいことだが、**日本に王朝が存在したことを示す同時代の史書や遺跡**

は発掘されていない。それどころか、神武天皇は神話上の人物であるという意見が学界の常識で、実在したと考える根拠はないのである。

にもかかわらず、この年を初代神武天皇が即位した年とするのはなぜなのだろうか？

初代神武天皇の東征図（「国史画帖大和櫻」国会図書館所蔵）

神武天皇による東征

まずは、神武天皇がどのような人物なのかを見ていこう。神武天皇の曽祖父は、アマテラスの命を受け高天原から日向国（現宮崎県）の高千穂峰《たかちほのみね》へ天降ったニニギノミコトだ。アマテラスの孫に当たるため、神武天皇は神の子孫ということになる。

『日本書紀』によれば、神武天皇は45歳の時、「東に美《よ》き地《くに》有り。青山四周《あおやまよもにめぐ》れり」として、日向国より東方の地に都を構えることを決意。3人の兄や諸皇族を率いて進軍する。これがいわゆる「神武東征」であり、『古事記』『日本書紀』における神武天皇の記述のほとんどは、この東征で占められている。

日向の高千穂宮を出発した東征軍は、筑紫国（現福岡県）から瀬戸内海を通って近畿地方に向かい、対抗勢力を破りながら大和国（現奈良県）に到着。神武天皇は即位して橿原の地に宮を構えた。**「辛酉《しんゆう》年春正月庚辰朔」**のことだと『日本書紀』は記している。

この「辛酉年春正月庚辰朔」が、明治時代になると、紀元前660年1月1日だと位置づけられたのである。

即位の根拠とされる辛酉革命説

この新しい紀元も、**天皇中心の近代国家を整備する過程で算出された**。その際、即位年の根拠となったのが**「辛酉革命説」**である。

「辛酉」とは十干十二支《じっかんじゅうにし》の一つのことで、中国では古来、この年に大きな社会変革が起こると考えられてきた。これが辛酉革命説だ。さらに、干支が一周する60年を「一元」とし、それが21回繰り返された1260年を「一蔀《ぼう》」として、この年にはより大きな変革が起こるとの説もある（蔀首辛酉《ぼうしゅしんゆう》一大革命説）。

この辛酉を元に、推古天皇9（601）年を起点としてさかのぼった1260年前、すなわち紀元前660年を日本の歴史における起点としたわけだ。

ちなみに、「春正月」とは立春を指すとされ、紀元前660年における立春前後の「庚辰の日」は西暦に直すと2月11日となる。このことから、明治時代に2月11日が「紀元節」と定められ、現在の「建国記念日」につながっていくのだ。

なお、**601年は、聖徳太子が斑鳩宮《いかるがのみや》を造営した年**でもある。聖徳太子といえば、数々の超人的な偉業が伝えられているが、その多くは『日本書紀』の記述による。つまり、『日本書紀』は聖徳太子を聖人化するのに一役買っているともいえる。もしかしたら『日本書紀』編者は、超人的な聖徳太子と神武天皇を関連付けることで、朝廷の格を上げようとしたのかもしれない。

まとめ

- **神武天皇が即位したとされる紀元前660年が、皇紀のはじまりにあたる**
- **皇紀は明治維新後、天皇中心の国づくりの過程で算出された**
- **建国記念日である2月11日は、神武天皇が即位したとされる日に由来している**

12 天皇は本当に万世一系なのか？

王朝は交代していた？

天皇家は万世一系である――。明治以来、繰り返し強調されてきた歴史観だ。初代神武天皇から今上天皇までの約2600年、天皇家は一度も系統が途絶えず血を継承してきた、それが万世一系の考え方である。現在でも、神武天皇が実在したかはともかく、同じ血筋が連綿と続いてきた、と捉える人もいるだろう。

一方、史料の裏づけがないことから、**万世一系を疑問視し、王朝の交代があった**とする声も現在では少なくない。そうした指摘が多いのが、5世紀末～6世紀はじめの**継体《けいたい》天皇**の時代だ。

継体天皇の先代武烈《ぶれつ》天皇は暴君だったとされ、『日本書紀』には様々な残虐な行為が記され

福井県足羽神社にある継体天皇の石像。即位してから大和入りするまでの期間が長いことなどから、継体天皇は朝廷を倒して新王朝の支配者になったという説がある。
（©Copyright Images are generated by 立花左近 and licensed for reuse under this Creative Commons Licence）

ている。即位2年の秋には、妊婦の腹を割いて胎児を見、4年の夏には人の頭髪を抜いて木の梢に登らせ、その木を切り倒して墜落死する様子を喜んで見たという。

この武烈天皇には、皇太子がいなかった。そこで武烈天皇崩御後、重臣が跡継ぎとして越前国（現福井県）から継体天皇を呼び寄せた、と『日本書紀』は伝える。

系譜上は、継体天皇は**第15代応神《おうじん》天皇5世の子孫**とされている。近江国で生まれたが早くに父を亡くしたため、母の故郷である越前国で育ったという。その後、王として越前（もしくは近江）を統治していたが、朝廷の重臣に促され、58歳のときに天皇即位を決心した。

招聘された継体天皇とは誰か？

しかし、いくら先代に後継者がいなくても、約200

年前に亡くなったとされる応神天皇の子孫を担ぎ上げるのは、現実的に考えれば奇妙だ。

しかも、継体天皇は政治の中心地である大和へなかなか入らなかった。河内国《かわちのくに》（現大阪府）の樟葉宮《くすばのみや》で即位した後、山城国（現京都府）を転々とし、**即位19年後にしてようやく大和の磐余玉穂宮《いわれのたまほのみや》に入った**。退位・崩御したのはその翌年だ。

即位から大和入りまでに時間がかかった理由。それは、旧王朝と新王朝が戦闘状態にあったためではないか。つまり、越前・近江の豪族だった継体天皇がヤマト朝廷を倒し、新たな支配者となったとする考え方だ。

このような、皇統に断絶があったとする学説を**「王朝交替説」**といい、継体天皇以外にも王朝が交代したという説がある。その代表が早稲田大学教授だった水野祐の「三王朝交替説」だ。

様々な王朝交替説

水野は、神武天皇から推古天皇までの33代のうち、『古事記』に没年が記載されている天皇は15代しかいないことに注目し、その他18代は実在しなかったと指摘した。そして、第10代の崇神天皇を最初の実在天皇とみなし、第15代応神天皇のときに新王朝が立てられたと仮定。その後、継体天皇がさらに新しい王朝を立てたと論じた。ちなみに、水野は応神天皇と仁徳天皇を同一人物とし、三つの王朝を「崇神王朝」「仁徳王朝」「継体王朝」として区別している。

さらに東洋史学者の岡田英弘は、神武天皇から応神天皇までを架空の人物とし、仁徳天皇から22代清寧《せいねい》天皇までを河内王朝とみなした。そして、23代顕宗《けんぞう》天皇から武烈天皇までの播磨王朝、継体天皇以降の越前王朝へと王朝が交代したと考察。推古天皇と舒明天皇の間にも断絶があった可能性があると指摘している。

このように、現在では万世一系に疑問を唱える学説は数多い。そもそも万世一系は、天皇中心の国づくりのために、**近代の政府が浸透させた言葉**である。要は、神話の世界が政治的に利用されたわけだ。とはいえ、仮に断絶があったとしても、天皇家が1500年を超える世界最長の王朝であることに変わりはない。王朝交代を繰り返した他国から見れば、驚きの王朝だろう。

まとめ

- **天皇家は万世一系ではなく、継体天皇の時代に王朝交代があった可能性がある**
- **他の天皇の時代にも王朝交代があったとする説も少なくない**
- **万世一系は近代化の過程で政府が浸透させた比較的新しい考え方である**

13 歴代天皇の中には架空の天皇もいる？

実在しなかった初代から9代まで

初代神武天皇から数えると、今上天皇は125代目にあたる。とはいえ、神武天皇をはじめ、中には実在すら疑問視される天皇が存在するのも事実だ。では、実在した「本当の初代天皇」は誰なのだろうか？

学術的には、**初代神武天皇から開化《かいか》天皇までの9代は実在しなかった**と考えられている。とくに、2代綏靖《すいぜい》天皇から開化天皇までを指して**「欠史八代」**と呼ばれている。

『古事記』『日本書紀』における欠史八代の記述は、系譜だけでその事績は描かれていない。

さらに、26代継体天皇から昭和天皇までは在位年数が平均で約15年であるにもかかわらず、欠

崇神天皇の陵墓とされる奈良県の行燈山古墳（「国土画像情報」国土交通省）

史八代の平均は約60年。6代孝安《こうあん》天皇にいたっては在位102年という、明らかに不自然な記述が見られる。また、7世紀頃までは兄弟間で即位するのが普通だったのに、欠史八代の期間は、直系相続となっている。これは、『古事記』『日本書紀』が記された当時と同じ継承方法だ。

実在する初代天皇は誰？

これらの点から、**実在した初代天皇として有力視されているのが、10代崇神《すじん》天皇だ。**

欠史八代の天皇とは異なり、崇神天皇の事績は多く記録されている。北陸道・東海道・山陽道・山陰道に将軍を派遣して地方の賊軍を平定したことや、戸口を調査して課税を行ったこと、宮中に祀っていたアマテラスなどを畏れ多いとして皇居の外に遷したことなどがそうだ。

記述どおりなら、**軍事・財政・神事の基礎を固めた天皇**と見ることができる。

さらに、崇神天皇が初代とみなされる理由は、その名称にもある。

天皇は死後、贈り名として諡号《しごう》が決められるのだが、それには漢風諡号と和風諡号がある。たとえば、「神武天皇」は漢風諡号で、和風諡号は「カムヤマトイワレヒコ」という。

このうち、和風諡号は複数贈られることが多かった。ここに初代天皇を特定する鍵がある。

神武天皇には、「ハツクニシラススメラミコト」という和風諡号も贈られており、漢字表記すると「始馭天下之天皇」となる。意味は**「初めて天下を治めた天皇」**のこと。**これと同じ読みの諡号を、崇神天皇が持つ**のだ。崇神天皇の場合、漢字表記は御肇國天皇だが、音は同じだ。

とはいえ、記録に残る即位年や寿命には信憑性に欠ける部分があるため、正確なところはわからない。ただ、『古事記』には崩年の干支が「戊寅」とされており、西暦に換算すると318年もしくは258年だと考えられる。この年代は、『魏志倭人伝』に記載された邪馬台国の時代と近いため、あながち見当はずれともいえないのだ。

実在論と非実在論

ではなぜ、実在しない天皇を、しかも9代も生み出す必要があったのだろうか？

理由はいくつか考えられている。理想とされる中国神話時代の君主の構成「太一・三皇・五帝」からきているという説や、「9」という数字が、古代中国から伝わる「陰陽五行説」で最も縁起のいい数字だからという説などがある。

ただ、**欠史八代が実在したと考える研究者もいる**。初代から9代までは崇神天皇に平定された別王朝（葛城王朝）の王であり、これらをヤマト朝廷の王と並立してカウントしたという考えだ。

また、天皇が長命な理由として、古代の日本では半年を一年とする「半年暦」の概念があったと仮定し、そのために長命に記録されたとの主張もある。

史料の制約上、検証が難しいテーマではあるが、だからこそ、謎を解き明かそうと多面的な意見が出るのかもしれない。

まとめ

- 学術的には、初代から9代までの天皇は実在しなかったと考えられている
- 実在した初代天皇の有力候補は10代崇神天皇である
- 崇神天皇は「初めて天下を治めた天皇」という贈名をもっている

14 古代の天皇は海外にも進出していた？

古代東アジアの冊封制度

今でこそ、天皇は国民統合の象徴と位置づけられており、政治的な権限は一切持たない。しかし、天皇家は、はじめて日本を統一した勢力のトップである。軍事・政治において、他勢力を凌ぐ点があったからこそ、その事業を成し遂げることができた。

その天皇家が政治的優位を確保できた理由。それが、**中国の先進文化を取り入れたこと**だった。

古代東アジアにおいて、中国は文明の中心地だった。朝鮮半島や日本などの周辺国は、中国皇帝に貢物を捧げ（朝貢《ちょうこう》）、その代わりに称号を賜って君臣関係を結び、権威付けをしたのである。

日本が中国に朝貢するようになったきっかけは、**国外勢力との対立**にある。4世紀中頃までに

倭王武と推定されている雄略天皇。5世紀半ば〜後半に在位していたと考えられる。

は、近畿地方を中心とした政治連合ヤマト政権が東日本にまで勢力を拡大していたが、5世紀に入ると、東アジアに版図を広げ、他国と衝突するようになっていたのである。

そこで、ヤマト政権の王＝天皇は当時の中国の王朝である宋王朝に朝貢するようになった。それが、いわゆる**「倭の五王」**、讃《さん》・珍《ちん》・済《せい》・興《こう》・武《ぶ》の5人だ。

朝鮮半島に対する軍政権確立

目的は、朝鮮半島の**高句麗**《こうくり》に対抗することだった。

ヤマト政権は、4世紀ごろから朝鮮半島南部の**任那**《みまな》**(伽耶**《かや》**諸国)**と交流を結び、鉄などの資源を得ていた。

しかし4世紀後半になると、伽耶諸国に勢力伸張を狙う高句麗が南下してきたのである。

そこでヤマト政権は、高句麗より有利に立つために、中国王朝に**朝鮮半島南部における軍政権のお墨付き＝官号と爵位（官爵）**を求めた。

五王のうち、宋朝へ最初に朝貢したのは讃だ。官爵名は不明だが、続く珍は「使持節《しじせつ》・都督《ととく》倭百済新羅任那秦韓慕韓六国諸軍事・安東大将軍《あんとうだいしょうぐん》・倭国王」と称し、宋朝に正式な任命を求めた。

漢字ばかりで読みにくいが、意味するところは以下のとおり。

まず「使持節」とは、皇帝の権限を一部委譲された将軍号のこと。「都督〜諸軍事」は軍政権の及ぶ範囲で、「安東大将軍」は武官の位、「倭国王」は倭国の王のことを指す。

つまり、珍の求めたのは「中国皇帝の持つ倭国・百済・新羅・任那・秦韓・慕韓という6つの国に軍政権を及ぼす権限を委譲してもらう安東大将軍としての倭国王」という称号だった。

結局、認められたのは「安東大将軍・倭国王」のみで、その後の王も要求がすべて呑まれはしなかった。それでも、中国と上下関係を結んで他国に権力を誇示しようとしていたのは確かだ。

倭の五王はだれ？

なお、この倭の五王がどの天皇にあたるのか、日本と中国の史料を照らし合わせればある程度は推測することができる。有力なのは、次の通りである。

五王の最後の王「武」は、**雄略天皇**《ゆうりゃく》だと考えられ、これにはほとんど異論がない。というのも、雄略天皇の在位時期は、発掘調査によってかなり正確にわかっているのだ。

その根拠が埼玉県の稲荷山《いなりやま》古墳から出土した鉄剣の銘文だ。ここに「ワカタケル大王」＝雄略天皇の名と、「辛亥の年（４７１年）七月中」の年号が記載されている。『宋書』によれば、武が最後に朝貢したのは４７８年のこと。雄略天皇は４７８年にも在位していたと記録されているため、武＝雄略天皇だとみなすことができるわけだ。

しかし、それ以外の王が誰かは意見が分かれている。『宋書』に書かれた年代と『古事記』『日本書紀』の内容が矛盾するためだ。

いずれにせよ、この倭の五王の朝貢が終わった後、中国の史書から入貢の記録は途絶える。古代の天皇は、中国に頼ることなく、独自の王として地位を確立し始めたのかもしれない。

まとめ

- ４～５世紀にかけて日本の王は中国に朝貢し、皇帝に称号を求めた
- 王は皇帝からお墨付きを得て、対立していた朝鮮半島の国々の優位に立とうとした
- 倭王武を最後に日本の朝貢が途絶え、中国に頼らない政策が始まった可能性がある

15 ヤマト朝廷が中央集権化に成功したのはなぜ？

律令制度とは

群雄割拠の戦国乱世は、まとめ役がいないために世相が不安定だった。続く徳川家康は、戦国時代を終わらせて、幕府が諸藩を統制する幕藩体制の元をつくり、２５０年を超える安定した社会の実現に貢献したが、結局は力をつけた雄藩に取って代わられた。

歴史を例に見るとわかるとおり、地方分権的な政治は、安定した政治基盤がなければ社会不安が広がる。まずは中央集権化が必要不可欠だ。天皇を中心としたヤマト政権も、権力を一つにまとめて**中央集権化に成功した**からこそ、支配領域を拡大することができた。

では、ヤマト政権は、どのような方法で中央集権化をとげることができたのだろうか？

■律令の官僚制

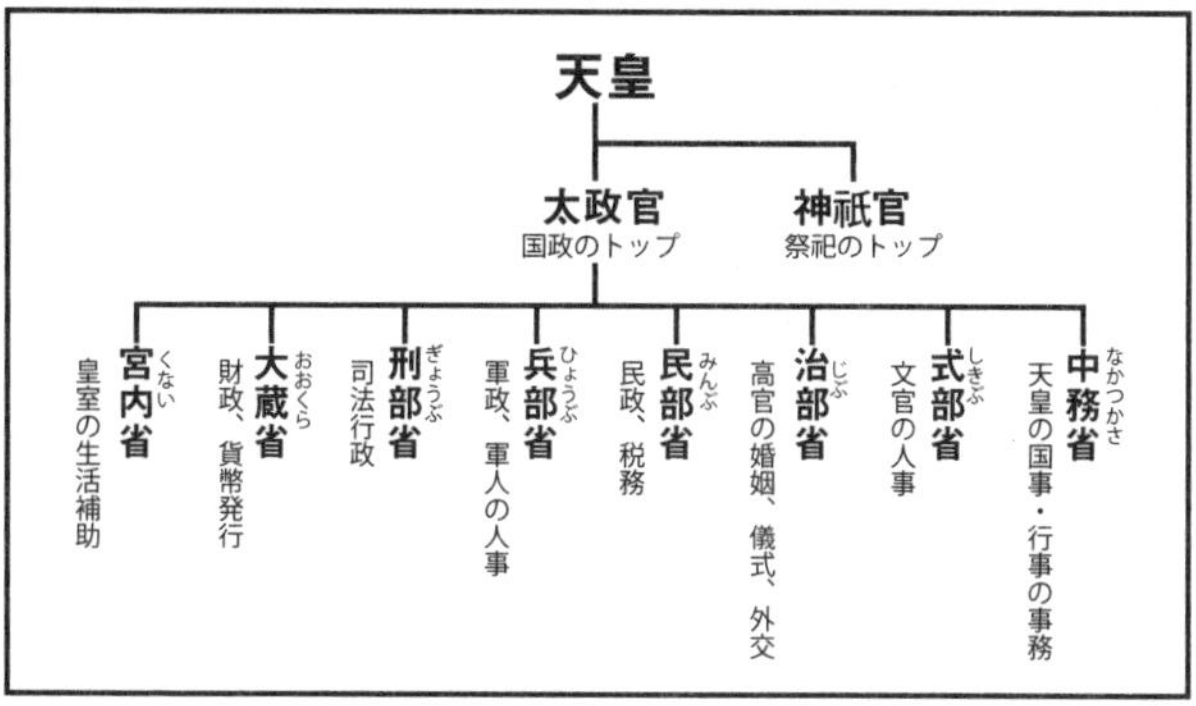

推進力となったのが、**律令《りつりょう》制度**だ。

「律」は刑法、「令」はその他の法律を指す。つまりは**法律によって土地や人民を統制する仕組み**のことだ。

また、その基盤には、古代中国の理念である王土王民、すなわち、国土も国民もすべて王の所有物であるとする考えがある。ヤマト政権も王土王民に等しい公地公民制を採用し、**全国の人と土地に税金をかけて、日本の統率にのりだした**のである。

権力並立のヤマト朝廷

天皇による支配が確立する以前、日本全国には小規模な国が乱立していた。中国の史書には、30程度の国が魏に朝貢し、2世紀後半ごろには、各国の間で大規模な争乱（倭国大乱）があったと記されている。

さらに、『宋書』の倭王武の奏上によれば、東は55国、西は66国、海を渡った北部の95国を平定したとある。平定国数の真偽はともかく、ヤマト政権が争いを重ねていたことが読み取れる。

5世紀末の時点で、天皇は東日本にも支配領域を拡大しており、勢力を伸張していたのは間違いない。しかし、東北や南九州の豪族はいまだヤマト政権に屈していなかったし、そもそもヤマト政権自体、蘇我《そが》や葛城《かつらぎ》、平群《へぐり》、巨勢《こせ》といった近畿地方の有力豪族の連合体制だった。

そんな権力並立の状態から脱却するには、法や官僚、財政などを整備して統一的な政策をとれる状態にしなければならない。つまり律令制の導入には、**政権内の統一と他勢力の屈服**という二つの目的があったのである。

日本を一つにまとめた天武天皇

こうしてヤマト政権は、当時の中国の王朝・唐を模範に律令制定に着手した。ときは天武天皇の治世である。7世紀後半の天武朝の時代には、それまでの「大王」から「天皇」という称号が用いられるようになり、「日本」という国号が定められたといわれている。

天武天皇が中央集権化に熱心だったのは、**自身の政治的基盤の弱さを身をもって知っていた**

からに他ならない。

きっかけは、東アジアを舞台に起こった戦闘にある。663年、ヤマト政権は、同盟国の百済を救うために朝鮮半島に出兵し、新羅・唐の連合軍と戦った。しかし、この**「白村江の戦い」**でヤマト政権は大敗。すると、皇位についていた天智《てんじ》天皇は連合軍の追撃を恐れて、国防に注力し、さらに宮を飛鳥から近江国に遷した。これが群臣や民衆の不満につながった。その不満解消のために、天智天皇死後、皇太子だった天武天皇（大海人皇子《おおあまのみこ》）が担ぎ上げられたのである。

結果、大海人皇子は皇位継承争いで勝利を収めた。しかし一連の出来事で、天皇は豪族たちの実力を知るとともに、天皇家の政治的不安定さを痛感したはずだ。改革を穏便に進めるには、豪族たちの信頼を得ている即位直後しかなかった。そして事業は天皇亡き後も大后・持統《じとう》天皇に受け継がれ、形式上は明治時代まで続く律令制が完備されたのである。

まとめ

- **法によって土地や民を支配する律令制を導入してヤマト政権は中央集権化を遂げた**
- **政権内の争いを避け、地方の豪族を従わせるために中央集権化は不可欠だった**
- **天皇の政治的基盤の弱さを知っていた天武天皇によって律令制は採用された**

16 天皇は神道よりも仏教を大事にしていた？

仏教を巡る対立

天皇が宮中で行う儀式は、日本の伝統的宗教である神道に根ざしている。それゆえ、皇室は神道と一体化した存在として見られることが多いが、歴史を振り返ってみると、**天皇は神道以上に仏教を信仰していた**ことがよくわかる。

仏教は、552年（538年説もあり）に朝鮮半島から日本に伝わったと記録されている。欽明天皇の治世下、百済《くだら》の聖明王《せいめいおう》から金銅の仏像と経典が献上されたことが契機だ。百済は当時、同じ朝鮮半島の国家である新羅《しらぎ》から侵攻を受けており、ヤマト政権に助けを求めていた。仏教の伝道は、ヤマト政権の軍事援助に対する見返りであったとも考えられている。

聖徳太子創建と伝わる寺院・四天王寺

だが、仏教の受け入れを巡っては、朝廷内でも意見が分かれた。神道の祭祀を担っていた物部氏は、権力の衰退に直結すると考え仏教受容に反対したが、逆に当時の大臣・蘇我稲目《そがのいなめ》は、仏教受容に賛成。政治的立場の強化を目論んでいたと考えられる。

この対立は、５８７年に蘇我氏が物部氏を滅亡させたことで決着。仏教受容の道が、大きく開かれた瞬間だった。その後も、蘇我氏と血縁関係にあった聖徳太子が、日本初の寺院と言われる四天王寺を大阪に建立するなど、仏教は朝廷に浸透していくのである。

なぜ仏教にひきつけられたのか？

では、仏教の何がそこまで朝廷をひきつけたのだろう？

まず、仏教を通じて大陸の先進文明を取り入れることができるのは、大きなメリットだろう。仏教には、思想、建築、工芸など、大陸文化の影響が色濃く反映されていた。

特に、**国を守る＝鎮護国家の教え**は、ヤマト政権の精神的な統一に絶大な効果を与えた。神道は氏族間の血縁と地縁に根ざしていたため、国家的な共有信仰になりにくい面もあったが、日本に伝わった仏教には他者救済の側面が強かったため、現世利益を願う多くの人々の心を捉えることとなった。天皇は、仏教を通じて朝廷の安寧と、国土安泰を祈ったのである。

中でも熱心に仏教に帰依したのが、45代**聖武《しょうむ》天皇**だ。聖武天皇が即位した8世紀前半は、地震や疫病などの国難が次々と発生した時期だった。そこで天皇は、仏教に救いを求めた。天皇は国家鎮護を願って全国に国分寺や国分尼寺を建立。寺院は各地で最大の建築物になったという。

さらに752年には奈良の東大寺で大仏の開眼法要を実施した。残念ながら、度重なる火災で多くの部分が焼失してしまったが、それでも、再建された大仏の様相は、現在でも圧巻だ。

退位後に僧侶となる天皇

信仰心の篤かった聖武天皇以降、天皇家の葬儀は仏教による大喪が通例となった。13世紀以降は、皇室の祈願寺に定められた京都の泉涌寺《せんにゅうじ》で葬儀が執り行われ、明治時代まで続いた。

さらに、仏教の浸透は葬儀だけにとどまらなかった。平安時代後半から、**天皇は退位後に出家し、みずから僧侶となった**のである。72代白河天皇や74代鳥羽天皇を筆頭に、江戸時代まで35人の天皇が出家し、経典学習や仏教儀式への参加、寺院建立の援助など、仏道を歩んだ。

さらに、皇族男性の出家も頻繁だった。経済力の低下からやむを得ずという事情もあったが、皇族を受け入れる寺院は別格の扱いを受けた。京都の仁和寺《にんなじ》や大覚寺《だいかくじ》などは**「門跡《もんぜき》寺院」**と呼ばれ、菊の紋章の使用が認められて高い地位と豊かな経済力を有したのである。

このように、かつて皇室では神道も仏教も並び立つという、世界的にも極めて不思議な宗教観が成立していた。だが、天皇家の仏教信仰は、1868年に明治新政府が「神仏判然令」を公布し、神道から仏教色を取り除く方針を打ち出したことで、大転換することになったのである。

まとめ

- **歴史上、天皇は神道よりも仏教を大事にする時期の方が長かった**
- **仏教の思想や建築などは、その先進性から朝廷や地方豪族に重宝された**
- **大仏を造った聖武天皇以降、天皇家は仏教を信仰し、出家する皇族も多かった**

地方武士の名和兄弟の協力を得て配流先の隠岐島を抜け出した後醍醐天皇（「国史画帖大和櫻」国会図書館所蔵）

第三章

天皇と有力者たちの熾烈な権力闘争

17 聖徳太子が即位しなかったのはなぜ？

最も有名な日本の偉人

かつては紙幣の肖像にも採用され、数々の超人的なエピソードで知られる**聖徳太子**。「10人が一斉に話した言葉を同時に聞き分けた」「馬に乗って天空を駆け回った」「未来を予測することができた」などの伝説や、「十七条憲法」「冠位十二階」の制定といった法整備、さらには遣隋使を派遣するといった大事業を実行したことでも知られている。

「太子」という呼称からもわかるとおり、**聖徳太子は皇族出身**である。しかも、父親は31代用《よう》明《めい》天皇、母親は29代欽《きん》明《めい》天皇の皇女・穴《あな》穂《ほ》部《べの》間《はし》人《ひと》皇女で、血筋は申し分ない。

にもかかわらず、聖徳太子は天皇に即位していない。それどころか、聖徳太子が成人する前

聖徳太子に関して、政治的手腕や超人的エピソードなど、多くの言い伝えが残っている。用明天皇を父に持ち、母も天皇家出身の由緒ある血筋を持つが、天皇には即位していない。（聖徳太子像「聖徳太子御伝叢書」国会図書館所蔵）

後に皇位についたのは、史上初の女帝である推古《すいこ》天皇だった。

これについて、「推古天皇は聖徳太子の中継ぎの天皇だった」「聖徳太子は推古天皇を傀儡としていた」という意見がある。これらの考え方にも説得力はあるが、聖徳太子が即位しなかったのには、それ以外にもっと重要な要素があったと考えられているのだ。

最大の実力者・蘇我馬子

太子の即位に際し、ライバルが存在した。一人は30代敏達《びだつ》天皇の皇子・押坂彦人大兄皇子《おしさかのひこひとのおおえのみこ》、もう一人は推古天皇の皇子・竹田皇子《たけだのみこ》だ。二人とも血統は申し分なかったし、押坂彦人大兄皇子は、聖徳太子よりも年長であるため、次の天皇になってもおかしくはなかった。

だが押坂彦人大兄皇子には、天皇になれない決定的な理由があった。それは、**蘇我氏の血**を引いていないことだ。この頃、天皇の即位には群臣の推挙が必要だった。中心は、大臣と大連のツートップ。しかし、用明天皇の死後、大連・物部氏が大臣・蘇我馬子によって滅ぼされると、大連は廃止。**馬子が絶大な権力を握ることとなり、皇位を左右するほどの実力者となった**のだ。

ライバルを廃した馬子は、血縁関係のある天皇を次々に即位させ、政治の実権を握った。用明天皇から推古天皇までの即位も、血縁者である蘇我馬子の影響があったと考えられる。

馬子をしのぐ推古女帝の存在

馬子の実力は日に日に増していた。用明天皇の跡を継いだ崇峻天皇を配下に暗殺させるなど、その権力は天皇を凌ぐほどにまで成長していた。

そんな中、推古天皇が即位する。聖徳太子と竹田皇子は蘇我氏と血縁関係にあったが、幼少だったことが理由なのか、即位対象に選ばれなかった。推古天皇も馬子の傀儡か、と思った方もいるかもしれないが、実態はその逆。**推古天皇は、馬子に対抗しうる存在だった**可能性があるのだ。

推古天皇は、崇峻天皇、用明天皇、敏達天皇と兄弟関係にあり、父は欽明天皇という、他に抜きん出た出自だった。そのため、血縁を重んじる朝廷では重要な位置を占めたという。

すごいのは血統だけではない。政治運営にも優れていて、仏教を興隆するための政策、宮中内の儀礼整備や神事の奨励、晩年近くに行われた新羅への遠征など、多くの事業で手腕を発揮。冠位十二階や遣隋使派遣も、推古天皇か馬子によって行われたと考える専門家もいる。

すなわち、推古天皇は決してお飾りではなく、馬子に対抗できる実力を備えた君主だった可能性がある。つまり、聖徳太子は天皇に「ならなかった」のではなく、**推古天皇を差し置いてまで「なれなかった」**と考えることができるのである。

ただ、説得力はあるものの、確たる証拠はない。わが子に皇位を譲るため推古天皇が自ら即位したとの説もあるし、そもそも聖徳太子は存在しなかったという説もある。数々の伝説が語られる聖徳太子だが、その実像は、多くの謎に包まれているのだ。

まとめ

- **聖徳太子は天皇の皇子で実績も多かったとされるが、天皇には即位していない**
- **当時は有力家臣・蘇我馬子が権力を手にしていたが、推古天皇の政治力も強かった**
- **馬子に対抗できるのは推古天皇だけで、聖徳太子の出番はなかった可能性がある**

18 大化の改新は皇族と有力者の権力争い？

推古天皇の後継者争い

古代の日本は、天皇が専制君主のように君臨し、臣下を従えていた。そんな印象を抱く人は多いかもしれない。だが実際には、天皇は群臣の長でしかなく、そこまで大きな権限を持っていなかった。むしろ、歴史上、**天皇を上回る実力者は何度も登場し、権力争いを繰り広げた**のである。

古代の代表的な実力者は、天皇家と血縁関係を結んだ蘇我氏である。大陸の技術者を取り込んで台頭した蘇我氏の勢力は、６２８年に推古天皇が崩御するとさらに伸張した。このとき、蘇我馬子《そがのうまこ》もすでに亡くなっており、大臣の地位には息子の**蝦夷**《えみし》が就いていた。この蝦夷が、父と同じく朝廷の実力者として君臨し、天皇の選定を意のままに決めていたのである。

蘇我入鹿を排する中大兄皇子と中臣鎌足

推古天皇崩御後、蝦夷は田村皇子《たむらのみこ》を擁立し、対立勢力の中心人物を暗殺して強引に皇位につけた。蝦夷の目的は、田村皇子が馬子の娘との間にもうけた**古人大兄皇子**《ふるひとのおおえのみこ》を将来的に擁立し、蘇我氏の権力を確固たるものにすることだった。

こうして34代舒明《じょめい》天皇が誕生したが、天皇が在位13年にして崩御すると、今度は舒明天皇の大后・皇極《こうぎょく》天皇を即位させた。血縁関係のある古人大兄皇子は幼少だったため、中継ぎとして皇極天皇をたてたのである。

蝦夷の支配は磐石かと思われた。しかし、群臣たちの反発は少しずつ蓄積されていたのである。

蘇我入鹿の専横

群臣たちの反発を、蝦夷は上手くかわしていた。血縁関係のある古人大兄皇子ではなく皇極天皇を即位させたのも、他勢力に配慮してのことだった。だが、皇極天皇が即位した翌年、蝦夷は病床に伏した。代わりに大臣となったのが、息子の**入鹿**《いるか》だ。この入鹿が、蘇我氏の命運を決めることになる。

まず入鹿は、古人大兄皇子を皇位につけるため、ライバルの排除に動いた。聖徳太子の息子で王位継承候補の筆頭だった山背大兄王《やましろのおおえのおう》を殺害したのである。入鹿は山背大兄王の住居である斑鳩宮《いかるがのみや》を急襲させ、聖徳太子の血筋を絶やした。

また、皇室行事を独断で代行するなど、その振る舞いは目に余った。当然、**群臣や皇族は反発し、打倒蘇我の気運が高まっていった**。これを実行に移したのが、中大兄皇子《なかのおおえのみこ》と中臣鎌足《なかとみのかまたり》である。

朝廷内の権力争い

最初に蘇我氏の排斥を考えたのは鎌足だといわれている。だが、中級氏族である鎌足に、蘇我氏に対抗するだけの実力はない。そこで目を付けたのが舒明天皇の息子・中大兄皇子だった。

６４５年６月、朝鮮三国が貢物を天皇に献上する儀式の最中、クーデターは決行された。二人の企ては成功した。入鹿は頭と肩を斬られ、足を刺されて絶命。蝦夷は翌日、自宅に火を放って自害した。

皇極天皇は中大兄皇子に皇位を譲る意向を伝えたが、皇位目的のクーデターだと憶測が広がらないよう、中大兄皇子は固辞。そこで、中大兄皇子の叔父にあたる軽皇子《かるのみこ》を立てた。36代孝徳《こうとく》天皇だ。干支の乙巳に起きたことから、クーデターは**「乙巳《いっし》の変《へん》」**と呼ばれている。

このクーデターの翌年1月1日、4条からなる「改新の詔」が発せられ、新政権によって政治改革が行われた。いわゆる**「大化《たいか》の改新《かいしん》」**である。ただ、『日本書紀』に記されている詔の内容は、後世になって手が加えられたとする説がある。そして、実際には、改革は乙巳の変が終わってから徐々に進められたという。いずれにせよ、乙巳の変を経て、**政治の実権は中大兄皇子と中臣鎌足に移った**。この鎌足の子孫が、のちに貴族のトップとなり、政治的実権を手中におさめる藤原家を興すのである。

まとめ

- **7世紀前半の朝廷は蘇我氏が天皇家と婚姻関係を結んで実権を握っていた**
- **蘇我入鹿によるライバルの排除、権力の集中で、群臣の反発がピークに達した**
- **蘇我氏はクーデターによって排され、実権は中大兄皇子と中臣鎌足に移った**

19 血塗られた皇位継承争いの歴史とは？

皇位継承の内乱「壬申の乱」

王室には、王位継承争いが付き物だ。13世紀半ばには、中国の元《げん》王朝で皇帝の後継者争いが起き、14世紀にはヨーロッパでフランス国王の王位継承争いに端を発する百年戦争が起きている。日本でも、天皇が「大王」と呼ばれていた時代から、様々な皇位継承問題が起きている。その最たる例が、天皇の弟と子、つまり甥と叔父が皇位を巡って対立し、内乱まで発展した「壬申《じんしん》の乱」だ。

内乱は、６７２年に起きた。天智天皇の弟と息子の対立が原因だ。天智天皇とは、乙巳《いっし》の変で政権を奪した中大兄皇子《なかのおおえのみこ》のことである。天智天皇は当初、弟である大海人皇子《おおあまのみこ》に皇位を譲ろ

甥と皇位を争い勝利した天武天皇の肖像画（「集古十種」国会図書館所蔵）

うとしていた。しかし、長男である大友皇子《おおとものみこ》が成長するにつれ、気持ちは変わっていく。

大海人皇子も、一度は兄の意志を受け入れ、大友皇子の即位を認めた。しかし、天智天皇崩御後、大友皇子が兵員を集めていると報せが入ると、大海人皇子はすぐに行動に出た。美濃（現岐阜県）を拠点に東国から兵を集めて挙兵し、大友皇子率いる朝廷軍を破ったのだ。

その結果、大友皇子は首を吊って自害し、大友皇子についた近畿の有力豪族が没落。そして、大海人皇子は即位し（天武天皇）、**自身を中心とした中央集権体制を敷いた**のである。

天皇になりかけた僧道鏡

皇位争いの政変は、まだまだ続く。729年には、天武天皇と天智天皇の血を引き、政界のトップにいた長屋王《ながやおう》が、国家転覆を企てているとして自殺に追い込まれた。首謀したのは、聖武天皇とその外戚関係にあった藤原氏である。

このように、7~8世紀にかけては、皇位を巡る争いが絶えなかった。しかも、一時は皇位となんの関係もない、**一般人の僧侶が天皇になる可能性さえあった**のだ。

その僧侶が**道鏡《どうきょう》**だ。道鏡は、758年に譲位した孝謙《こうけん》上皇の寵愛を受け、淳仁《じゅんにん》天皇と対立。道鏡を廃する動きが朝廷で起こったが、孝謙上皇側が先手を打ち、逆に淳仁天皇を廃位に追い込んだ。そして、重祚《ちょうそ》(再即位)した孝謙上皇(称徳《しょうとく》天皇)は、769年に道鏡に天皇の地位を授けようとしたのである。だが、当然ながら群臣の反発に遭い、道鏡の天皇即位は実現しなかった。

大覚寺統と持明院統の両統迭立

その後も、群臣たちの権力争いと結びつき、皇位継承争いは頻発したが、藤原氏が実力を蓄え摂関政治によって権力を集めると、皇位継承争いも沈静化する。

だが、**摂関時代が終わって武家政権になると、再び継承問題は起こった**。

1272年、後嵯峨《ごさが》上皇が亡くなると、後深草《ごふかくさ》上皇の流れをくむ持明院統《じみょういんとう》と、亀山《かめやま》天皇の流れをくむ大覚寺統《だいかくじとう》に分かれ、皇位継承を巡って反目したのである。

両陣営は、皇室財産や土地の相続権など、利権が複雑に絡む問題についても争ったため、幕府にたびたび仲介を頼んでいた。しかし、両陣営はあまりに仲が悪く、幕府も対応に苦慮していた。

そこで、両方の系統から10年をめどに交互に皇位を継承し、院政を行う方式が採られることになった。これを**「両統迭立《りょうとうてつりつ》」**という。

このとき、対立の抜本的解決を図っていたら、のちの歴史は変わっていたかもしれない。この対立が尾を引き、14世紀には、大覚寺統の後醍醐天皇と、持明院統の光明天皇の陣営に朝廷が二分し、**約60年にわたる「南北朝の動乱」につながっていく**のだ。

このように、天皇家が世界最長の王室であると言っても、権力が不安定になったときには、皇位継承を巡って争いを繰り返していたのである。

まとめ

- **平和の象徴である天皇家も、過去には皇位継承権を巡って激しく対立していた**
- **朝廷の基盤が固まる前は皇位を巡る争いが多く、僧侶が即位する可能性さえあった**
- **鎌倉時代の天皇家内の対立が、約60年にわたる南北朝の動乱につながった**

20 天皇に代わって権力を集中させた貴族とは？

天皇との血縁関係を強化した不比等

昭和初期の混乱期、近衛文麿《このえふみまろ》は、学識を期待されて三度も組閣している。彼を輩出した近衛家は、公家の頂点**「五摂家《ごせっけ》（近衛・九条・一条・二条・鷹司《たかつかさ》）」**の筆頭である。天皇に次ぐ家柄であり、期待が集まるのも無理はない。その元をたどると、7世紀に源流をもつ**藤原家**にたどり着く。

藤原家は、乙巳の変を成し遂げた中臣鎌足の次男・**藤原不比等《ふじわらのふひと》に由来する家柄**だ。「藤原」という姓は鎌足が没する前日、天智天皇から賜ったものである。

そんな藤原家の権勢が頂点に達したのが、「摂関時代《せっかんじだい》」だ。摂関とは、摂政関白《せっしょうかんぱく》の略のこと。摂政とは天皇が幼少もしくは病弱なときに、その代わりを全面的に務める役職で、関白は天皇

摂関家を安定させ権力を手中に収めた藤原道長。藤原不比等の血を引いている。

の意見に従いつつ政務を代行する職を指す。つまり、摂関とは天皇の代理人であり、事実上、**公家の最高位**だ。

優秀な官吏だった不比等は、藤原家の発展にも力を入れた。蘇我氏と同じく、不比等も**天皇家との血縁関係強化によって地位を築こうとしたのである**。娘を即位直後の文武《もんむ》天皇の後宮に入れ、二人の子である首皇子《おびとのみこ》（聖武天皇）にも、安宿媛《あすかべひめ》（光明子《こうみょうし》）という娘を送り込んでいる。

こうして天皇家にとりいった藤原氏は、その地位を最大限に活用し、他勢力排除に向けて動き出すのである。

南家と式家の失墜

不比等の跡を継いだ四人の息子は天然痘《てんねんとう》によって相次いで病死したが、46代孝謙《こうけん》天皇の時代には、**藤原仲麻呂《ふじわらのなかまろ》**が勢力を盛り返した。

仲麻呂は、不比等の長男・武智麻呂《むちまろ》の息子で南家《なんけ》の出身だ。なお、不比等の次男は房前《ふささき》、三男は宇合《うまかい》、四男は麻呂《まろ》といい、それぞれ北家《ほっけ》、式家《しきけ》、京家《きょうけ》を形成した。

孝謙天皇は、仲麻呂と同じく不比等の孫にあたる。仲麻呂と天皇の関係は良好だった。そして、病がちだった天皇が淳仁天皇に譲位すると、仲麻呂の勢いはさらに増し、恵美押勝《えみのおしかつ》の名前を下賜されて権力を独占するに至った。

しかし、孝謙上皇が自身の看病にあたっていた道鏡を寵愛すると、仲麻呂は上皇の排斥を企て挙兵したが、逆に敗れ南家は勢いを失った。

その後、一時は勢力が後退した藤原家だが、光仁天皇を擁立した式家がなんとか立て直した。この式家も政争に敗れ姿を消したが、**代わって勢力を伸ばした北家《ほっけ》によって藤原家は黄金時代を迎える**ことになる。

ちなみに京家は、四兄弟の末弟・麻呂《まろ》が始祖で子女も少なかったこともあり、当初から力が弱かったといわれている。

藤原北家の台頭

桓武天皇の皇子・嵯峨天皇は、皇太子時代から北家の**冬嗣**《ふゆつぐ》を重用した。その信頼関係は、嵯峨天皇が兄である平城《へいぜい》太上天皇と対立し、軍事衝突した際にさらに強化された。冬嗣は側近として嵯峨天皇を支え、嵯峨天皇に必要不可欠な存在になったのである。当然、冬嗣は嵯峨天皇と婚姻関係を結び、基盤づくりを忘れなかった。

その成果は、息子の**良房**《よしふさ》の時代に現れた。良房は、幼少の清和《せいわ》天皇が即位すると、外祖父として摂政になり、政治的実権を掌握。さらに、難癖をつけて朝廷の重臣を次々と退け、敵対勢力を潰すことに成功した。そして、跡を継いだ基経《もとつね》は光孝《こうこう》天皇の関白となり、摂関職は北家に受け継がれて、**道長**《みちなが》**の代に最盛期を迎える**のである。

こうして、藤原家の下で**貴族社会の基盤は整えられた**。その結果、日本古来の風習や中国起源の行事が儀礼として整備され、王朝文化を支える**年中行事が発達した**のである。

まとめ

- **藤原不比等を祖に持つ藤原家は天皇を抑えて実権を握り、貴族の最高位にたった**
- **勢力を進退させながらも藤原家は天皇に取り入り、最終的には北家が力をつけた**
- **北家は天皇との婚姻関係を強化しながら有力者を排し、摂関の地位を確立した**

21 上皇が天皇以上の権力を集めたのはなぜ？

摂関政治の終焉

現在の皇室典範《こうしつてんぱん》には、天皇の退位に関する規定はない。だが、往古には、天皇がその地位を退くと、「太上天皇《だじょうてんのう》」、略して**「上皇《じょうこう》」**の称号が慣例的に贈られていた。今上天皇が譲位した場合に上皇の称号を贈るべきだという意見は、過去の慣例に基づいているわけだ。

しかし、政府は当初、上皇号とは別の称号を用いる方針だった。上皇が天皇より上位に位置し、天皇制を不安定にさせる恐れがあると判断したためだ。

その理由は、歴史を振り返ると納得できる。確かに、嵯峨《さが》上皇や淳和《じゅんな》上皇のように隠棲した上皇もいるが、中には政治に口を挟んだり、**天皇を上回る実権を握った上皇も存在した**のだ。

天皇家の実権を握った鳥羽上皇（右）と、鳥羽上皇に譲位を迫られた崇徳天皇（左）

上皇の権力が高くなった背景には、**藤原家への対抗意識**があった。藤原家は天皇家と婚姻関係を結んで実権を握りポストを独占したが、家格が固定され、出世の機会がなくなったことに不満を抱く皇族や臣下は少なくなかった。

そんな状況に変化をもたらしたのが、**後三条《ごさんじょう》天皇**だ。後三条天皇は、１７０年ぶりに摂関家と外戚関係のない天皇として１０６８年に即位。貴族や寺院の私有地（荘《しょう》園《えん》）を整理し、税収の元である公領の収入を伸ばそうとするなど、積極的に改革を実行したのである。

上皇による政治「院政」

この親政路線を受け継ぎ、自分にとって有利な政治体制を敷いたのが、後三条天皇の第一皇子**白河《しらかわ》天皇**だ。

１０７２年に即位した白河天皇は、父の遺志を継いで親政を行おうとしたが、すぐに実現できなかった。外戚関係にないとはいえ摂関家は存在し、慣例として関白が存続していたため、思うように政治を動かせる状態ではなかったのだ。

そこで白河天皇は、1086年に天皇の位を8歳の堀河天皇に譲り、自分は上皇の地位に就いた。そして、御所内に築かれた院庁《いんのちょう》で天皇に代わって**院政**《いんせい》を行うことにしたのである。

院政のメリットは、**慣例や煩雑な形式に左右されずに政治を行える**ことにある。平安時代の生活というと、優雅なイメージが伴うが、天皇は毎月なんらかの行事をこなしながら大量の書類にサインする必要があった。

しかし、上皇ならば形式にとらわれずに政務を執れる。こうして上皇の権力が高まると、上皇の意思を示す院宣《いんぜん》や院庁下文《いんのちょうくだしぶみ》も、天皇の詔勅や太政官符と同様の効果をもつようになった。

さらに白河上皇は、実力のある中下級貴族や近親者を院庁の役人（院近臣《いんのきんしん》）に取り立て、護衛に源氏や平氏といった武士を採用。孫である鳥羽《とば》天皇を4歳で即位させ、院政の強化も忘れなかった。勢いを失った摂関家も上皇に取り入るようになり、天皇の権威は弱まるばかりとなった。

上皇と天皇の確執

白河上皇の跡を継いだ鳥羽上皇も、天皇家の家長として君臨し、権力を手中に収めた。しかし、鳥羽上皇の専横に納得できない天皇がいた。**崇徳天皇**《すとく》だ。崇徳天皇は１１４１年、22歳のときに退位を強制され、実権を長く持つことができなかった。

これで院政ができれば報われたのだが、それも叶わなかった。院政は、自分と直系の親族が天皇にならなければ行えなかったが、譲位から14年後の１１５５年、即位したのは、弟である後白河天皇《ごしらかわ》だった。

その翌年の１１５６年、鳥羽上皇が崩御すると、崇徳上皇と後白河天皇の確執は深くなっていく。この対立は、最終的に藤原家や武士、院近臣なども巻き込んで軍事衝突することになる。それが**保元の乱**《ほうげん》だ。結果、崇徳上皇は敗北して讃岐《さぬき》へ流された。そして、これをきっかけにして平氏の力が強まり、**政治的実権を握るには武士の力が必要な時代になっていく**のである。

まとめ

- **後三条天皇が即位すると婚姻関係のない藤原家は後退し、天皇親政が始まった**
- **後三条天皇の跡を継いだ白河天皇は、子に譲位し、天皇家の長として実権を握った**
- **天皇家は権力を取り戻したが、天皇自身は実権を持てず、権力は低下した**

22 平家が天皇家にとりいることができたのはなぜ？

武家政権の礎を築いた平清盛

武士と聞くと、天皇や公家の用心棒をイメージする人もいるかもしれない。だが、朝廷は家柄を重視する組織である。軍事組織であっても、地位が低ければ朝廷の警護にあたることはできない。**源氏《げんじ》や平氏《へいし》といった武士も、**元をたどれば**天皇の血筋にまでつながる名家**なのである。

源氏では村上源氏《むらかみげんじ》や清和源氏《せいわげんじ》が武士の棟梁として有名だ。それぞれ村上天皇、清和天皇を祖に持つ武家である。同じく平氏も、桓武《かんむ》天皇を祖に持つ桓武平氏が知られている。

もちろん、出自だけで出世できるほど政治は甘くない。武力を生かし、権力者にとりいることで、武士は地位を確立したのである。その事業を武士として初めて成し遂げたのが、**平清盛《たいらのきよもり》**だ。

上皇の側近間の争いである平治の乱の様子。この争いに平清盛は勝利し、政治の実権を握った。(「平治物語絵巻」国会図書館所蔵)

二度にわたる戦乱

11世紀の政治は、天皇家の家長である上皇が中心だったが、決して一枚岩ではなかった。1156年には、天皇家の家長争いに端を発する保元《ほうげん》の乱が勃発している。

この争いの結果、後白河天皇が実権を握り、1158年には二条《にじょう》天皇を即位させて院政を始めたが、一つはっきりしたことがある。軍事力を動員するには、武士に頼らざるを得ないということだ。朝廷は独自の軍事力を準備することができず、両勢力には戦いの専門家である源氏・平氏の実力者がついた。**貴族社会の争いは、武士の実力で解決される時代になった**のである。

清盛は、この保元の乱で後白河天皇側に付いて名を上げた。平氏一門は院直属の警護軍である「北面《ほくめん》の武士」の中でも最大の兵力を保有する軍事組織だ。鳥羽上皇も清盛に信を置いていたし、後白河上皇の側近・信西《しんぜい》も、平氏の軍事力に目をつけ、清盛を頼りに他者の排斥と自己保身を狙った。

こうして実力者の信任を得た清盛は、恩賞として播磨守《はりまのかみ》の地位を与えられ、さらに大宰府の次官である「大宰大弐《だざいのだいに》」に任じられる。その結果、清盛は瀬戸内海から九州にかけての権益を握ることになり、収入が安定。さらに宋との貿易で莫大な富を築き、経済的基盤を確立した。**天皇家にとりいることができたのも、豊富な資金を軍事力や文化事業に投入したから**に他ならない。

そして清盛率いる平家は、院内の主導権争いである**平治《へいじ》の乱**の勝利によって、源氏より優位に立った。このとき、清盛の盟友である信西が自殺に追い込まれたが、清盛は朝廷の後ろ盾を得て兵を動員し、首謀者を排除。源氏の棟梁である源義朝《よしとも》も破り、武士の頂点に立った。

外戚としての地位

争いを治めた功績として、平家は朝廷の要職を占め、都の警護や土地管理権を独占。清盛は正三位《しょうさんみ》参議に叙任された。従三位《じゅさんみ》以上が公卿《くぎょう》とみなされるので、清盛は武家の身でありながら初めて政府の高官となったのだ。

さらに、高倉《たかくら》天皇が即位すると、清盛の権威はますます高まった。高倉天皇の母・滋子は清盛の義理の妹であったため、天皇は清盛にとって義理の甥にあたる。清盛は、**天皇の外戚という地位も獲得**して政権基盤を固めたのである。

その後、清盛は瞬く間に出世街道を駆け上がり、1167年には太政大臣《だじょうだいじん》に就任した。さらに1172年、清盛の娘徳子《とくこ》が高倉天皇の中宮《ちゅうぐう》（天皇の正妻）となった。後に徳子は天皇の子を授かり、生まれた皇子は安徳《あんとく》天皇として即位することになる。

このように、清盛は**軍事力で得た信頼を活用しながら皇族や有力貴族との結びつきを強め、平家の繁栄を図った**。その結果、一門は公卿が16人、殿上人30余人、諸国の要職には60余人が就任するなど、この世の春を謳歌したのである。まさに、「平家にあらずんば人にあらず」の状態だった。

まとめ

- **源氏や平氏は、もとをたどると天皇にまでつらなる血筋をもつ軍事貴族である**
- **武功を重ねた平清盛は、天皇家の信頼を得て土地を与えられ、財政基盤を整えた**
- **武力に加え、天皇の外戚の地位を確立するという貴族的手法で、平家は繁栄した**

23 天皇家の衰退を決定づけた武士との戦いとは？

後鳥羽上皇の倒幕計画

天皇は、政治的実権がない時期が長く続いた。公家や上皇が実権を握り、天皇は権威的な存在として君臨している時期が確かに長かった。

とはいえ、政治が朝廷を中心に行われていたことに変わりはない。鎌倉時代に武家が台頭してきたといっても、平家は武士というよりは貴族化して実権を握っていたし、その平家を滅ぼし幕府を開いた源氏も、当初は東国の地方勢力に過ぎなかった。つまり、**権力が衰退したとはいえ、朝廷は政治の中心だった**のである。

むしろ、朝廷は武士の権力を認めるつもりなどなかった。特に、当時の朝廷でもっとも力の

朝廷の権力回復に熱心だった後鳥羽上皇。皇室領整備や軍事力の増強を図り、院の勢力基盤を強化した。鎌倉幕府との関係が不安定になると、幕府の代表・北条義時を追討する命令を下した。

あった**後鳥羽《ごとば》上皇**は、幕府打倒を虎視眈々と狙っていたのである。

源頼朝が１１９９年に死去すると、朝廷にチャンスが到来した。頼朝の血筋は権力を掌握しようとする北条家によって断たれ、幕府では御家人《ごけにん》（幕府の家臣）の間で熾烈な権力争いが勃発していたのである。

そして、１２２１年5月15日、後鳥羽上皇は北条家追討の宣旨《せんじ》を下し、反幕派の武士を鎌倉へ進軍させたのだが、この判断が**天皇家の衰退を決定づける**ことになる。

失敗した後鳥羽上皇の懐柔策

倒幕運動の中心となった後鳥羽上皇は、多くの才能に恵まれていた。武芸はもちろん、和歌や蹴鞠《けまり》、音楽にも秀でており、現在でもその歌集は高く評価されている。

鎌倉幕府の3代目将軍・源実朝《さねとも》に歌集を贈るなど、一見すると朝幕関係も良好だった。

しかしその裏で、上皇は独自の兵力「西面《さいめん》の武士」の整備にも着手。最終的には、将軍を介して幕府の力を削ぎ、息子の頼仁《よりひと》親王を将軍にして、**幕府を支配する腹づもりだった**。しかし、実朝の暗殺で計画は破綻し、逆に幕府の軍事的圧力で、幕府寄りの九条家から将軍を出すことになった。この屈辱が引き金となり、後鳥羽上皇は武力による倒幕を決断することになったのだ。

後鳥羽上皇の誤算

上皇の宣旨（院宣《いんぜん》）で決起した倒幕軍だが、**その戦意は決して高くはなかった**。幕府からの離反者の参加もあって約2万騎の兵力が用意されたが、朝廷内は慎重派の影響で一枚岩にはならず、「天皇の御旗を掲げれば戦わずに降伏する」などの楽観論も聞かれたという。

確かに、朝廷軍の侵攻を知った幕府内部は混乱の極みに至り、どちらに付くか迷う御家人も少なくなかった。幕府が敗北する可能性も十分にあったが、北条家の動きは素早かった。朝廷より早くに全国へ書状を送り、1221年5月19日、集結した御家人へ演説を行う。源頼朝への恩返しと一致団結を求める、頼朝の正室・北条政子による大演説である。

決め手となったのは、朝廷ではなく、幕府から離反した武士のみを敵と定めたことにある。朝敵になる心配が減った御家人たちは次々と協力を表明した。総勢20万騎以上となった幕府軍は、木曽川《きそがわ》近辺で朝廷軍を破ると、そのまま京都へ進軍。最終防衛線である宇治川も突破され、その翌日には京都への侵入を許した。そして、略奪と放火で京都の町は火の海と化し、鎌倉武士と朝廷貴族の決戦「承久の乱《じょうきゅうのらん》」は後鳥羽上皇の完敗に終わったのである。

捕らわれた貴族と上皇一派を待っていたのは、幕府の厳しい追及だった。

そして、人々を一番驚愕させたのは、後鳥羽上皇、土御門《つちみかど》上皇、順徳《じゅんとく》上皇までもが島流しとなったことである。**武家政権が天皇を裁く前代未聞の事態**が示しているのは、日本の実権が朝廷から幕府へ移った事実に他ならない。まさに承久の乱の勝敗こそが、古代から続いた朝廷支配を終わらせるターニングポイントになったのである。

まとめ

- **当初の鎌倉幕府は東国の地方政権で、全国の支配権は朝廷にあった**
- **幕府の力をそごうと後鳥羽上皇は鎌倉に兵を差し向けたが、逆に敗れ権力を失った**
- **後鳥羽上皇敗北後、政治の実権は幕府に移り、古代から続いた朝廷支配は衰退した**

24 権力を回復しようと武士に反旗を翻した天皇とは？

幕府と御家人の主従関係

承久の乱の失敗で、朝廷は権力を失った。それと反比例するかのように地盤を固めたのが北条氏である。北条家による武家政権は、意思決定機関である評定衆《ひょうじょうしゅう》を設置するなど集団合議制を採用。１２３２年には初の武家法典「御成敗式目《ごせいばいしきもく》」を成立させた。

御成敗式目には御家人の義務と権利が記されていた。幕府と主従関係を結んでいる限り、武士たちは領地所有権が保障され、さらに戦いで功績があれば敗者から奪った土地が与えられたのである。御家人たちも幕府への忠誠を忘れず、何かあれば「いざ鎌倉」と駆けつけることになっていた。この「御恩《ごおん》と奉公《ほうこう》」の関係があったからこそ、二度にわたるモンゴル軍襲来（元《げん》

ゲリラ戦で幕府を翻弄した楠木正成（左）と幕府に反旗を翻した後醍醐天皇（右）

寇《こう》）にも立ち向かうことができたのである。

しかし、この二度の戦いが、鎌倉幕府の滅亡を招く遠因ともなる。御恩と奉公の関係は、功績に応じた褒賞＝土地があるからこそ成り立つ関係だ。しかし、元寇は外国からの攻撃であるため、日本が勝利を収めても奪う土地がなく、武士に褒賞が与えられなかった。

これが御家人たちの不満となり、幕府の基盤は徐々に揺らいだのである。

幕府打倒を目指した天皇

そうした状況を利用して、鎌倉幕府滅亡を目指した天皇がいた。**後醍醐《ごだいご》天皇**だ。

当初、後醍醐天皇の企ては、なかなか実を結ばなかった。１３２４年、天皇は京都の監視と治安維持を目的とした六波羅探題《ろくはらたんだい》を襲撃する計画を立てたが、幕府側に察知されて側近が処罰され、1331年には倒幕を企てて挙兵するも、幕府軍に捕縛されて隠岐島《おき》へ流罪となった（元弘《げんこう》の変）。

ところが、失敗に終わった倒幕運動は、一人の武士により思わぬ展開へと発展する。その武士こそ、**楠木正成**《くすのきまさしげ》だ。楠木家は、河内国（現大阪府）地域を中心に商業と輸送を担った地方武士で、当主である正成は幕府との利権争いから倒幕側に付いていた。

元弘の変では、赤坂城に籠城しつつ幕府軍を迎え撃ち、罠やゲリラ戦術を駆使してわずか500騎で数万騎規模の敵を食い止めるなど、軍事的実力は確かだった。

後醍醐天皇の流罪を知った正成は、死を装って赤坂城を逃げ延び、1年後に再び蜂起した。そして、2000の手勢で畿内の要所をことごとく制圧すると、1333年2月から千早城《ちはやじょう》に籠城し、ゲリラ戦で幕府軍の補給を絶って、8万騎の軍勢を撃退したのである。

この千早城での大勝は、すぐさま全国へと知れ渡った。これを機会と見た反幕府派の武士は次々と決起。さらに、隠岐を脱出した後醍醐天皇が決起状を出したことが追い風となり、幕府軍からも離反者が続出した。足利高氏《たかうじ》（後の尊氏）と新田義貞《にったよしさだ》はその代表だ。

そして、1333年5月に京都六波羅探題が、22日には鎌倉が陥落。北条家の多くは自害した。こうして100年以上続いた鎌倉幕府は滅亡し、**天皇が政治的実権を握ることになったのである。**

建武の新政

しかし、後醍醐天皇による親政は、長くは続かなかった。

天皇は、関白や院政を廃止して権力を自身に集中させた。また、幕府に代わる執政機関や裁判所の設置を画策。さらには各地方に国司や守護を置き、天皇と貴族による全国支配を復活させようとして、貴族に多くの恩賞を与えたのである。

だが、倒幕の主力である武士団には、雀の涙ほどの報酬しか与えなかった。加えて、土地の再分配で領地を減らされた武士も少なくなかったし、貴族による武士蔑視もひどかった。その結果、**武士の間では猛烈な朝廷不信が広がってしまった**のである。

こうして後醍醐天皇は武家の信頼を失い、天皇親政は夢に消えることになった。

まとめ

- **武士間で幕府への不満が募ると、復権を狙う後醍醐天皇が倒幕を目論み挙兵した**
- **天皇の挙兵は失敗したが、感化された武士が各地で挙兵し、幕府は倒れた**
- **後醍醐天皇は親政を始めたが、朝廷びいきで武士を軽視したため、すぐに失脚した**

25 天皇家が二つの王朝にわかれた時期がある？

南北に分かれた朝廷

万世一系の観点からいえば、天皇は同時代に一人しか許されない。しかし、歴史上、これに反し、**天皇が２人いた時代もある**。それが室町時代である。

１３３６年、後醍醐天皇に反発して京都を制圧した足利尊氏は、天皇の証である三種の神器を後醍醐天皇から奪い、その後に光明《こうみょう》天皇を擁立して室町幕府を開いた。

しかし、後醍醐天皇はこれを認めなかった。都に残した神器は全て偽物だと主張して、逃亡先の奈良県吉野《よしの》に新たな朝廷を開いたのだ。奈良の朝廷を南朝、京都の朝廷を北朝という。

北朝には今川、細川など足利家側の有力武士が味方し、新田、楠木、北畠は南朝に味方した。

足利尊氏率いる北朝軍と楠木正成ら南朝軍が衝突した湊川の戦い。楠木正成ら有力武将が戦死し、北朝が一時優位に立った。(「大日本歴史錦繪」部分・国会図書館所蔵)

京都と奈良にそれぞれの天皇がいた時代は「南北朝時代」とも呼ばれ、各朝廷の武士団はなんと**半世紀以上も京都周辺で戦を続けることになった**。この分裂が最大要因となって室町幕府は支配基盤が弱くなり、各地の統治を守護大名に任せることになったのである。

一度勝利した南朝

朝廷が分裂した直後は、北朝が圧倒的に優位だった。楠木正成ら有力武士が戦死し、後醍醐天皇が1339年に崩御したことで、南朝の敗北は決まったかに見えた。

ところが、この優位は10年も続かなかった。北朝では、尊氏の弟・足利直義《あしかがただよし》と幕府重臣・高師直《こうのもろなお》が対立し、軍事衝突にまで発展したのである。

しかも、この争いに敗れた直義は1350年、なんと南朝へ逃亡し、体制を整えて北朝軍に対峙。その結果、南朝軍は勝利し、高師直は殺されたのである。高師直を排した直義は一時幕府に復帰するも、反逆者が重宝されるはずもなく、結局尊氏と対立して、東国方面でまたもや挙兵したのである。

また、九州では足利直冬《ただふゆ》や懐良《かねよし》親王らが尊氏に反旗を翻し、北朝の勢いは減退。すると、劣勢を悟った尊氏は驚愕の決断をした。なんと1351年10月、**南朝へ降伏を申し出た**のである。

帰順を認めた南朝は、1352年2月に北畠親房に京を制圧させると、三人の上皇と直仁《なおひと》親王を賀名生《あのう》（現奈良県五條市近辺）に拉致し、尊氏の息子・足利義詮を追放した。三種の神器を北朝から奪った南朝は皇位の正統性を得て、ここに**「正平一統《しょうへいいっとう》」**がなされたのである。

南北朝時代の終焉

ただし、この統一は一時的なもので、降伏は尊氏の策のうちだった。南朝の一員となった尊氏は、後村上天皇を説得して目障りだった直義の追討令を出させ、1352年1月に鎌倉で直義軍を鎮圧。そして春になると、南朝制圧下の京都を、息子の義詮《よしあきら》に奪還させたのだ。

京都奪還に成功した尊氏親子は、出家予定だった皇族の弥仁《いやひと》王を三種の神器なしで即位させて北朝を再興。南朝は再び奈良に追放された。南朝はその後も北朝に攻撃を仕掛け、京都奪還に成功したときもあったが、いずれの場合も計画的撤退をした北朝軍に短期間で奪い返されている。

そして、無理な侵攻に失望した諸侯の寝返り、南朝側の主力武士・北畠親房の病死、後村上天皇の崩御などが重なると、南朝は衰退の一途を辿り、1380年頃には**奈良周辺の維持すら困難となった**。1392年、このような状態では京都奪還は不可能だと判断した後亀山天皇は、足利義満の和平案を受け入れ、神器を北朝へ正式に返還した後に大覚寺へと入った。

こうして50年以上続いた南北朝の動乱は、北朝の勝利で終わった。だが、残された傷は大きかった。後南朝と呼ばれる南朝残党は1450年代まで活動を続けて朝廷は混乱し、京都を本拠地とする室町幕府の威信をも低下させた。そして動乱時に勢力を伸ばした守護大名は各地で影響力を持つようになり、後の戦国時代の基礎が形作られていったのである。

まとめ

- 朝廷を追われた後醍醐天皇は、吉野に新しい朝廷を開いて皇位を主張した
- 裏切りやだまし討ちが相次いで戦いは泥沼化し、対立は半世紀以上も続いた
- 動乱は北朝が勝利したが、戦乱で朝廷は混乱し、幕府の支配力も限定的になった

26 天皇になろうとした征夷大将軍とは？

天皇になろうとした将軍

鎌倉時代以後、政治的実権が武家に移っても朝廷は廃止されず、形式上、日本の最高権力者は天皇のままだった。

だが、歴史上、**天皇に代わって日本の王位を狙った**とされる将軍もいた。それが、室町幕府の第3代将軍・**足利義満**である。義満は、武士の身でありながら太政大臣の地位を得て、幕府と朝廷の両方で絶大な権力を誇った将軍だ。明国との貿易で富を蓄え、鹿苑寺金閣に代表されるように、仏教文化の保護にも篤かった。

ところが、このような統治力とは裏腹に、近代には義満は大変不人気だった。それは、義満

足利家を皇族にする計画を立てた足利義満（右）と義満に反発した後円融天皇（左）

が皇位への野心があったとみなされていたからである。

地に落ちていた朝廷の権威

義満治世下の1360〜1400年代にかけては、朝廷の権力が最も低い時期だったとされる。

1336年に始まった朝廷の分裂、いわゆる南北朝の動乱で、朝廷は経済力・政治力が弱体化し、京都の治安維持すらままならない状態だった。そのため、朝廷は1350年代までに警察権と課税権を幕府に譲渡し、天皇は儀礼を担うだけの存在になっていた。

そうした最中の1381年、**将軍義満は朝廷を支援する内大臣となり、宮中儀礼の多くに関わる**ことになる。

もちろん義満は公家ではない。しかし、幼少から公家文化に親しんでいた義満は、庭に馬を引き出して邪気を祓う「白馬節会」などの儀式や政務をこなし、作法の師範である二条良基《にじょうよしもと》の協力を得ながら宮中での影響力を高めていった。

後円融上皇のように抵抗する勢力もあったが、経済力の乏しい朝廷は幕府に反抗することができなかった。そして義持に将軍職を譲った1394年、義満は太政大臣として朝廷の頂点に立った。皇位簒奪を考え出したのもこの頃だとされている。

目前だった皇位簒奪

太政大臣となった翌年、義満は官位を捨てて出家を決断した。せっかくの地位を自ら捨てたのはなぜか。それは支配体制を強固にするためだったとされている。1398年、崇光法皇が崩御すると、義満は院庁で働き法皇を支えた職員の多くを雇い入れ、事実上の法皇として次の院政を開始。そして天皇・上皇と廷臣（朝廷に仕える武士や公家）との間の意見伝達を仲介する「伝奏《てんそう》」に自らを組み込み、意思伝達網を掌握して朝廷を事実上支配したのである。その威光は、**天皇を自邸に呼んで政務の助言をする**ほどだった。

経済政策とされてきた日明貿易も、海外に義満が日本のトップであることを知らしめる裏の目的があったという。事実、１４０２年に義満は明の建文帝《けんぶんてい》から日本国王の称号を貰って足利家が日本の支配者であることをアピールした。

こうして朝廷と幕府の頂点に立った義満は、最後の一手を打ちだした。次男の義嗣《よしつぐ》を皇位につけて足利家を皇族とする計画を発案し、朝廷工作によって正妻の日野康子《ひのやすこ》を天皇の義母である「准母《じゅんぼ》」にしたのである。１４０８年に義嗣が新王待遇方式で元服を行い、目論見は成功するかと思われたが、この３日後に義満は急死。計画は頓挫した。

皇位継承は血筋を第一とするため、仮に義満が長生きしても計画は成功しなかったかもしれない。しかし、朝廷は義満死後に**「太上法皇」**の称号を贈ろうとしており、足利家を畏怖する気持ちはあったと考えていいだろう。歴史の推移次第では、足利家が天皇家の一員になった可能性も充分にあるのだ。

まとめ

- **室町幕府将軍の足利義満は内大臣という立場を利用して朝廷への介入を強めた**
- **義満は法皇に仕えた職員を雇い、事実上の院政を開始した**
- **足利家を皇族にする計画が進行していたが、義満急死で皇位簒奪は起こらなかった**

27 天皇の威光を利用した戦国武将とは？

戦国時代の天皇

武将たちが領地を巡って争い、戦闘を繰り広げた群雄割拠の戦国時代。そんな時代でも、朝廷は存続していた。ただ、家臣が主君を殺める下剋上の時代、朝廷の権力は無きに等しい状態だった。それでも天皇家が存続できたのは、武将たちがその権威に目を向けたからだといえる。

発足当初の室町幕府は、官位を授与する叙任権を天皇から奪っていたため、諸侯が官位を得るには幕府の推薦が必要だった。しかし、戦国の世になり将軍の権威が失墜すると、各武将は幕府を無視して朝廷に官位を要求し始めた。**平安時代から、官位は金銭で取引されるほど重宝されてきた**ため、武将も権威づけのために官位を欲したのである。こうして天皇は事実上、叙

正親町天皇（左）とその権威を利用した織田信長（右）

任権を奪還し、権威をある程度回復させた。

また、武将は隣国への侵攻時には**朝廷から征伐の綸旨を受けることで自軍の正当性を得ようとした**。越後（現新潟県）の大名・上杉謙信が、天皇の発した「戦乱平定の綸旨」を大義名分に関東や武田家を攻撃したのが良い例だ。

利用されたと言えばそれまでだが、戦国時代の天皇は各大名でも無視できないほどの威光を取り戻していたことは事実なのだ。

天皇に助けられる信長

中でも、**織田信長は天皇の威光を積極的に利用しようとした**。信長は慢性的な財政難だった朝廷に献金しつつ、禁《きん》裏《り》の修理に協力して、天皇に存在感をアピールした。

だが、信長の狙いが朝廷の懐柔だったことは目に見えていた。天皇のキリシタン禁制綸旨《りんじ》を無視してキリスト教の布教を認めたように、天皇家への敬意はなかったようだ。

しかし、天皇の権威は最大限に活用した。1570年に寺社勢力と浅井・朝倉家の連合軍に攻められると、天皇の協力を得て講和。また、比叡山焼き討ちに反発した15代将軍義昭ら旧勢力が蜂起すると、またもや朝廷を頼り、幕府との和睦を成立させている。

朝廷が信長に不信感を募らせたとしてもおかしくないが、正親町《おおぎまち》天皇は信長に一定の信頼を持っていたともいわれている。1582年春には、**天皇が信長に、関白・太政大臣・征夷大将軍のいずれかに任官するよう要請している**ぐらいだから、もし本能寺の変で信長が討たれなければ、信長は、幕府を開くことさえできたかもしれないのだ。

官位を利用した秀吉

信長の跡を継いで天下を統一した**豊臣秀吉**も、天皇に接近して自身の権威の拠りどころとした。信長亡きあと、参議、大納言、内大臣と出世を重ねた秀吉は、近衛家に養子入りして関白となった。秀吉は正親町天皇と良好な関係を築いたようだ。正親町天皇の真意が「秀吉を朝廷内に取り込んで制御することにあった」と考える説もあるが、秀吉は天皇の支配下には入らず、逆に権威を利用して天下統一への動きを加速させた。

天皇より豊臣姓を賜り、太政大臣となった秀吉は、天皇の名の下に大名同士の戦争行為を禁止する**「惣無事令《そうぶじれい》」**を全国に発した。これによって、全国の大名は天皇家と臣下たる豊臣家への従属が義務付けられ、反逆者は武力で征伐されることになった。秀吉は、天皇と朝廷を大義名分に利用することで、自らの全国支配を確立しようとしたのだ。

天皇の権威を盾に、秀吉は九州進攻を止めない島津家を攻めて領地の多くを没収し、恭順を拒んだ関東の北条家は１５９０年に滅亡させた。その後、秀吉は家臣に官位を積極的に与え、その序列で各大名を支配していく。秀吉の天下統一は武勇や人望によるものとされがちだが、その実は天皇の威光や官位をうまく利用したことにもあったのだ。

まとめ

- **室町幕府衰退後、天皇は権威的な存在として戦国武将に注目されていた**
- **織田信長も、財政支援によって天皇に近づき、権威を借りて敵対勢力を抑えた**
- **豊臣秀吉も、天皇の威光を利用して武将の戦闘行為を禁止させ、天下を統一した**

王政復古の大号令を描いた図。江戸時代を通じて天皇の権力は弱かったが、幕末になると尊皇思想が広がり、天皇の地位は一気に高まった。（「明治天皇御繪巻」国会図書館所蔵）

第四章

不遇の時代から維新の原動力へ

28 江戸幕府と天皇の関係は？

形式上の支配者

鎌倉時代以降600年以上にわたって、武士が権力を握る時代が続いた。中でも、江戸時代になって徳川の基盤が固まると、朝廷の存在感はどうしても薄らいだ。

しかし、江戸幕府の長たる征夷大将軍の位は、幕府に任命権がなかった。官職である征夷大将軍の任命権は天皇にしかなく、同時に諸大名へ官位を授与する権限も天皇にしかなかった。つまり、**形式上は将軍は天皇の家臣**でしかなく、諸大名も官位を通じて朝廷の下に置かれていたことになる。

ただし、天皇が持っていたのは任命の権限だけで、幕府の将軍選定はおろか、政治活動に口

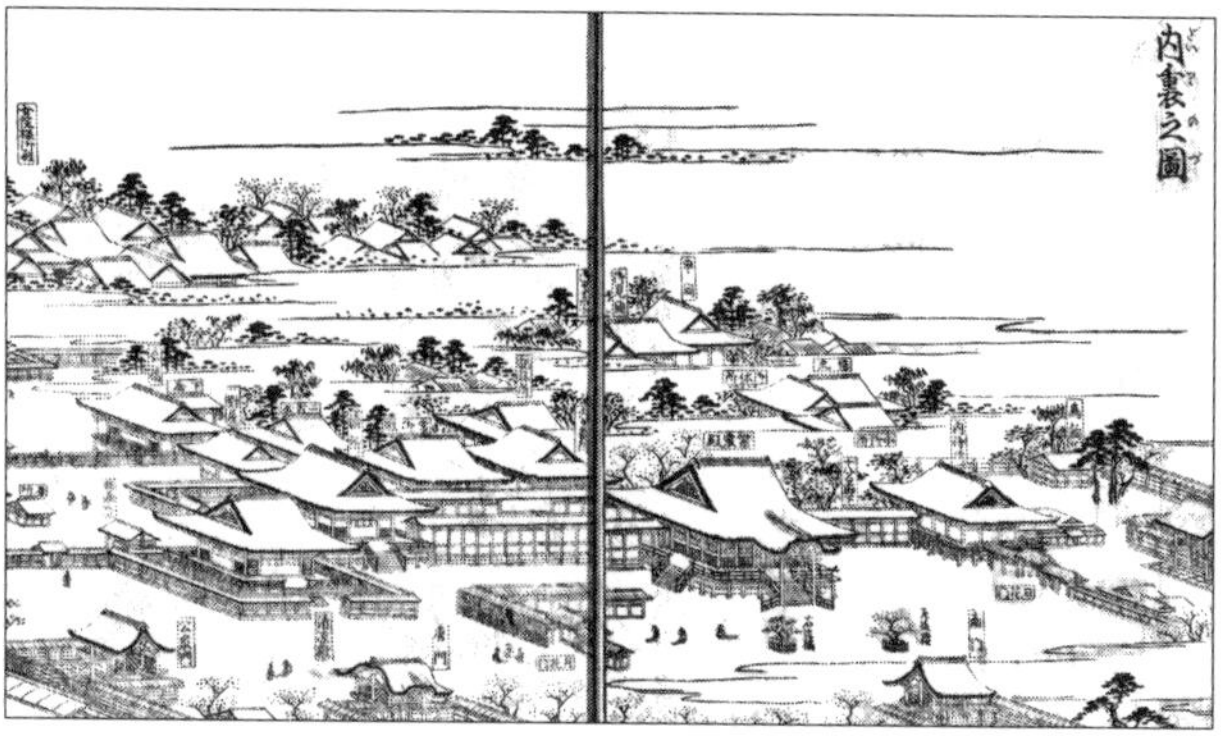

江戸時代の京都御所の様子（「都名所図会」国会図書館所蔵）

出しする権利もなかった。天皇の権利だった元号制定、改暦、全国の寺社における国家的な祈祷の実施でさえ、幕府に実質的な運営権を握られ、自身の退位すら将軍の許可を必要としたのだ。

確かに建前でいえば、江戸時代でも天皇が日本のトップだが、その実態は政治的権力を持たない形式上の君主でしかなかったのである。

禁中並公家諸法度

朝廷の権威を利用して政権の正統性を確保した家康だが、天皇から政治権力を排除することも忘れなかった。「禁中並公家諸法度《きんちゅうならびにくげしょはっと》」を定めて天皇と公家のあり方を規定したのである。

17条の条文で構成されたこの法は、まず第一条では天皇の義務について定められている。天皇は国家の政治に関与せず、宮中業務がなければ、勉学と和歌の鍛錬をするように決められた。また、戦国時代に武将がこぞって朝廷に欲した官位も、将軍家の推薦がなければ授与できないことになった。

法律を制定した表向きの理由は、朝廷内の秩序回復を図ることだったが、家康の真意が天皇と政治権力の切り離しにあったのは明らかだった。

家康がここまでやったのはなぜか？　それは過去の武家政権の失敗を知ればわかるだろう。征夷大将軍という朝廷の権威に保証された政権である以上、武家政権は表立って朝廷に弓を引くことができない。むしろ、鎌倉幕府を滅ぼした後醍醐天皇の前例からわかるように、天皇をないがしろにすれば反徳川派の天皇が現れ反乱を起こすかもしれない。

家康は**諸大名の経済力を奪いつつ、天皇から政治的自立性をなくすことで、政権の安定化を図った**のである。なお、関白・二条昭実《あきざね》のような協力者を朝廷につくることで、法を正当化することも忘れなかった。

朝廷の監視機関

こうして朝廷は政治力を奪われ、宮中の活動にも徳川家の許可が必要となった。人事権は将軍に握られ、官位の自由な授与もままならず、公家は幕府から役料（給与手当）を貰うなど、まさに江戸時代の天皇と朝廷は、幕府の支配下にあった。

また、御所を監視する部署も置かれた。その代表格が**京都所司代**だ。京都所司代は、二条城の敷地内に構えられた。名目上は西側諸侯の統制を目的としていたが、真の設置理由は京都と朝廷の監視である。事実、所司代指揮下の京都町奉行は、公家・皇族を護衛する名目で朝廷の動向を監視し、京都郡代は禁裏の領地管理を任されていた。

さらに、天皇は御所警備役の禁裏付武家に常時監視された。**ここまで徹底して天皇を管理下においた政権は、江戸幕府がはじめてだ**。まさに江戸時代の天皇と朝廷は、あらゆる場面で幕府の監視下に置かれていたのである。

まとめ

- **建前上、天皇は徳川家の主だったが、政治的実権はいっさいなかった**
- **天皇の仕事は宮中行事と勉学に限定され、政治的自立性は奪われた**
- **徳川幕府は朝廷の監視機関を設け、政治力を奪うことで天皇管理を徹底した**

29 江戸時代の天皇と公家の生活は？

小大名並みだった財政状況

天皇や公家の生活と言えば、何不自由ない優雅なものを連想する人は多いかもしれない。だが、江戸時代の朝廷は禁中並公家諸法度によって政治的実権を奪われ、財政面でも幕府による厳しいコントロール下にあった。

天皇の経済基盤は、徳川家康が１６０１年に後陽成《ごようぜい》天皇に進呈した**禁裏御料**《きんりごりょう》という皇室領がベースとなっていた。天下分け目の関ヶ原の合戦に勝利した家康が、天下を掌握したことを朝廷に誇示する狙いもあったとされている。

だが、進呈されたのは山城国《やましろのくに》（現京都府）28カ所の村で石高はわずか1万石余り。５代将軍

現在の京都御所紫宸殿。天皇の元服や各種儀式など、公的な場として使われた。

綱吉の時代に加増されたが、それでも3万石程度で、**経済規模としては小大名と同じレベル**だった。しかも禁裏御料の管理は幕府の京都郡代《ぐんだい》が担当し、天皇の直接支配は認められていなかった。

人前に出なかった天皇

このような状況で、天皇はどんな生活を送っていたのだろうか？

政治的実権を奪われたとはいえ、禁中並公家諸法度《きんちゅうならびにくげしょはっと》では、天皇の役割も定められていた。「およそ禁中作法は、まず神事、他に他事」とし、**神事こそ天皇が行うべき第一の任務**とされたのである。

天皇は朝起きて身支度を調えると、清涼殿《せいりょうでん》の石灰《いしばい》の壇《だん》に入り、伊勢神宮がある方角を遥拝して「天下泰平、海内静謐、子孫繁栄」を祈る「御拝」の儀式を毎日行っていたという。

１６８７年には、戦国時の混乱で２００年以上中断されていた大嘗祭《だいじょうさい》が復活。新嘗祭《にいなめさい》など、現在も行われる重要神事も次々と執り行われることとなった。

一方、現在では慣例行事となっている天皇の行幸は、１６５１年の後光明《ごこうみょう》天皇の行幸を最後に途絶えた。**朝廷が権力をふるわないよう、外部との接触は断たれた**のである。京都の伏見にある醍醐《だいご》寺へ花見へ行くのにさえ、幕府から許可をとる必要があったくらいだ。

このように、江戸期の天皇の生活は決して自由なものではなかった。だが、大名のように参勤交代もなく、御所の修繕費用なども幕府が負担していたため、生活にはある程度のゆとりがあったという意見もある。

公家の生活苦が新文化を生んだ

一方、天皇の臣下である公家の場合、様子が違ってくる。というのも、公家にも幕府から家禄は与えられていたが、１０００石を超えていたのは公家のトップに立つ「摂家五家」ぐらいで、大半の公家は３００石にも満たず、苦しい生活を送っていたのである。

下級クラスの公家の中には、博奕《ばくち》に走る者や酒浸りになる者もいたらしい。また、明治新政府で活躍した岩倉具視《いわくらともみ》も、公卿の地位にある高官だったが、若かりし頃は生活苦のため「花札作り」で生計を立てていたという。

そんな苦しい状況でも、公家は自家の技芸を活用して生活を乗り切ろうとした。祭事にまつわる技能を代々世襲してきた貴族たちは、**その家伝を宮廷外の人々に教えることで、収入の確保を図ろうとした**のである。

この行動が意外な結果につながることになる。京の街では、王朝趣味を反映した俵屋宗達《たわらやそうたつ》の絵画や池坊家《いけのぼうけ》による華道、本阿弥光悦《ほんあみこうえつ》の和歌や陶芸などが人気を集めた。公家文化が大名や裕福な商人に伝わったことで町衆の文化意識が上がり、新しい傾向が生まれてきたのだ。そして、京都は文化都市としての地位を確立し、流行の発信地となっていくのである。

まとめ

- **天皇家の財政基盤は小大名並みで、所領の管理は幕府の役人が担った**
- **天皇の生活は神事が中心となり、政治的に自立しないよう外部との接触は排された**
- **困窮した公家が富裕層に朝廷文化を指南すると、京は文化の中心地となった**

30 江戸時代初期に幕府に反発した天皇とは？

江戸時代初期の確執

江戸幕府成立以降、天皇や公家の生活は大きく制限されていた。しかし、徳川家の支配が磐石になり社会が安定化していくと、両者の関係が表立って険悪になることはあまりなかったようだ。それでも、江戸時代初期には**幕府に反発する天皇**もいた。それが**後光明《ごこうみょう》天皇**である。

後光明天皇は、1633年に後水尾《ごみずのお》天皇の4番目の皇子として誕生した。この時期は、徳川家の権力を示す事件がいくつか起きていた。天皇の勅許を幕府が取り消した紫衣《しえ》事件が起き、さらには2代将軍・秀忠《ひでただ》が娘をなかば強引に後水尾天皇に入内《じゅだい》させるなど、朝廷は幕府のやりかたに不満を抱いていた。後水尾天皇は、抗議のために無断で退位し、7歳の娘に皇位を譲ったほどだ。

後水尾天皇（左）とその皇子で幕府に反発した後光明天皇（右）

そんな幕府に敵意むきだしの父の下、後光明天皇は1643年に10歳で即位した。成人するまで後水尾上皇が政務を行い、その間に勉学に励んだのだが、その才覚はまさに非凡。漢詩に秀でていた他、和歌の素養もあり、父から叱られたときには、即興で歌を詠んで驚かせたという逸話まで残っている。

これだけなら、幕府から何の文句を言われることもなかっただろう。ところが後光明天皇は、**幕府が禁じた剣術を好み、反幕的立場をとりつづけた**のである。

剣術好みの反幕思想家

天皇の武芸は禁中並公家諸法度で禁止されている。そのため父はもちろん、京都所司代の板倉重宗《いたくらしげむね》からもたしなめられた。しかし、気性が荒く、武士のように振る舞うことを好んだ後光明天皇は、忠告を気にもしなかった。むしろ、止めなければ切腹も辞さないと言う板倉に対して「武士の切腹は見たことがないので是非してもらおう」と返したという。

そして、後光明天皇は**朝廷の復権**も目指した。宮中行事の一覧を基に朝廷の各儀式の研究と再興を行い、徳川御三家と秘密交渉を行ったともいわれている。

また、「朝廷の衰退は軟弱な文学の影響である」と言って和歌や源氏物語・伊勢物語の弾圧さえ計画。さらには仏教を「無用の学」といって嫌い、皇室に伝わる唐櫃《からびつ》を開けて中に入っていた仏舎利《ぶっしゃり》（釈迦の骨片として信仰されたもの）を庭に投げ捨てたという逸話も残されている。

魚屋の提言による土葬

1652年、20歳となった後光明天皇は、本格的に宮中の政務へ携わることになる。しかし**期待されていた朝廷改革はほとんど行われなかった**。後光明天皇が20歳を迎えた頃から急に体調を崩し、2年後に**22歳の若さで崩御した**からである。

あまりに唐突な死は、当時から近代にかけて様々な憶測を呼んだ。明治時代の文豪・森鷗外のように、江戸幕府による暗殺説を提唱した識者も少なくない。ただ、現在では、疱瘡《ほうそう》（天然痘）が死因であることが判明しており、暗殺説は半ば否定されている。

なお、この時期の天皇としては珍しいことに、後光明天皇は泉涌《せんにゅうじ》寺内の月輪陵に土葬されている。当時は火葬が一般的だったが、『後光明天皇外記』によると、宮中出入りの魚屋奥八兵衛が「玉体を火葬するのは勿体無い」として奔走し、僧侶を脅したため土葬になったのだという。

魚屋が天皇の葬儀に口出しできたとは不思議な話だが、八兵衛は皇室御用達《ごようたし》の魚屋で朝廷に毎日出入りする身分だったため、ここまで口出しできたのだという。

最期までエピソードに事欠かなかった後光明天皇だが、江戸期でここまで個性を発揮した天皇は多くない。後光明天皇ののち、武芸を表立って好む皇族はほぼいなくなり、融和路線が確定したことで、**朝廷独力の復権は不可能となった**。天皇の実権奪還が実現するのは、これより約200年後、幕末の世を待たなければならない。

まとめ

- **江戸時代初期、朝廷の権限を押さえ込む幕府に若い後光明天皇が反発した**
- **後光明天皇は武芸を好み、宮中儀式の再興を図るなど、朝廷の復興に熱心だった**
- **後光明天皇が病に倒れ崩御すると、朝廷は幕府との融和路線を選んで対立を避けた**

31 天皇号は900年以上使われていなかった？

天皇ではなく「院」

日本史の教科書には、5世紀のヤマト政権の盟主を大王《おおきみ》と記し、天皇の祖先だと説明している。覚えている人も多いだろう。しかし、大王が天皇と呼ばれるようになった時期となると、あまりイメージがないのではないだろうか。

天皇号は、7世紀後半に在位した天武天皇のときに定められたという説が有力だ。ただし、公家の名簿である『雲上明覧《うんじょうめいらん》』の安政4（1857）年版によると、62代村上天皇以降、天皇号は贈られていない。63代冷泉天皇からは**天皇ではなく、「院」と追号されている**のだ。

死後に天皇号が贈られた光格天皇。平安時代の村上天皇を最後に900年間天皇号は使用されてこなかったが、朝権再興に尽力した光格天皇には、朝廷の提案で天皇号が贈られることになった。

900年使われなかった天皇号

院と聞くと、上皇が自ら政治を行った院政の時代が思い浮かぶ人は多いだろう。そもそも院とは、高い垣根に囲まれた建築物をいい、そこから政務をつかさどったり、宝物を保管しておくところを指すようになった。それが上皇の御所を指すようになり、やがて上皇自身を院と呼ぶように変化したのだ。

つまり、院という言葉は**「政務所」**という意味でも使われていたわけだ。ここから、院号は上皇だけではなく、崩御した天皇も指すようになったのである。

ただ、在位中の天皇は、天皇とも院とも呼ばれていない。呼ばれ方は、「御門《みかど》」「禁裏《きんり》」「内裏《だいり》」「禁中《きんちゅう》」「御所《ごしょ》」といった住まいを表す言葉か、「主上《かみ》」といった敬称である。こうした呼び名の方が一般的だったため、「天皇」

という呼称は、**900年もの長きにわたって使用されなかった**のである。

江戸時代に復活した天皇号

しかし、**江戸時代末期の光格《こうかく》天皇のときに天皇号は復活した**。

光格天皇は先代後桃園天皇の直系ではなく、傍系の閑院宮《かんいんのみや》家から即位している。直系の血筋から遠かった分、「天皇のあるべき姿」を意識せざるをえなかったのだろう。光格天皇は中世以来途絶えていた朝議の再興や朝権の回復に非常に熱心だった。

また、1811年に国後島でロシア軍人ゴローニンが捕縛されたときにはその交渉の経過を報告させるなど、社会の変化にも敏感だった。即位直後10歳のときに天明の大飢饉が発生し、領民が天皇を頼って御所へ嘆願に押寄せたことが、影響しているのかもしれない。

しかし、その影響力は、生前よりも死後の方が大きかった。1840年に光格天皇が崩御すると、その功績を讃えるために公家から天皇号を贈る案が出され、幕府もそれを特例として許可したのである。院号は裕福な庶民も戒名として使うことができたが、**天皇号は庶民や貴族、武士には使用が許されない特別な位**だ。それを幕府が許可したわけだ。

この特例は、まだ表立った動きはなかったものの、外圧で徳川家の影響力が弱まり、尊皇思想が高まりつつあった時代背景の影響もあっただろう。すでに幕府の屋台骨は、揺らぎつつあった。

さらに、この贈称で一般の人々にも、天皇という尊号が知れ渡るようになった。天皇という称号を初めて耳にした人々は驚き、「天皇の号が今度世に出て、はっと驚く江戸も京都も」という落書が書かれたという。

ただ、天皇号の定着は昭和になるまで待たなければならない。明治時代になっても、尊号は「院天皇」が使用され、天皇に一本化されたのは1925年になってから。

しかし、一般的には「お上」「主上」などの呼び名が使われ、軍部やメディアでは「大元帥」が用いられたという。現在当たり前のように使っている天皇という呼称は、実は比較的新しい言い方だったのである。

まとめ

- 天皇という称号は、平安時代の村上天皇を最後に900年以上使用されなかった
- 在位中の天皇は御門《みかど》、主上《かみ》と呼ばれ、崩御しても院《いん》と呼ばれるのが普通だった
- 幕府権威が揺らいだ19世紀半ば、朝権回復に尽くした光格天皇に天皇号が贈られた

32 尊皇攘夷はどのように生まれたのか？

困窮武士による幕府への反発

「尊王攘夷《そんのうじょうい》」とは、君主を尊び、異民族を撃退することを意味する言葉だ。幕末の志士たちは、この言葉をスローガンに掲げて天皇を担ぎ、幕府への批判を強めた。

しかし、そもそも幕府を批判する声がこの時期にあがったのは、なぜなのだろうか？

理由は数多く指摘されているが、**社会不安が広がった**ことが大きい。1854年以降は、東海地方や関東、江戸などで大規模な地震が発生し、国中が混乱していた。さらに、開国によって輸出品である絹や茶の価格が高騰すると、物価も上がって国内はインフレとなり、民衆の生活を圧迫。俸禄の決まっている武士も困窮することになったのである。

1955年のペリーの横浜来航を描いた図。この時期は自然災害や開国の影響で物価が上昇しており、生活に困窮した武士は幕府や外国への不満を強めていた。

こうした社会情勢に、幕府は有効な対策を講じることができなかった。すると、幕府を見限り再び鎖国状態へ戻る思想がはびこることとなったのである。

影響を与えた「水戸学」

そして皮肉なことに、倒幕の精神的支柱となった尊皇攘夷思想は、徳川御三家のひとつ**水戸藩**から生まれた。

幕末において、水戸藩は天皇家を敬う勤王派《きんのうは》として知られていた。影響を与えたのが、江戸初期の藩主・徳川光圀《みつくに》が編纂を始めた『大日本史《だいにほんし》』だ。

『大日本史』は、神武天皇から室町時代の後小松天皇に至る治世をまとめた歴史書だ。この史書作成の過程で、藩の知識人たちは日本古来の風習や神事を重んじ、**天皇家との主従関係こそが政治的安定を実現する**と考えた。

この思想に基づく学問を**「水戸学」**という。

この水戸学に排外的な思想が結びついたのは、欧米の捕鯨船が日本近海に頻繁に現れるようになった1820年ごろのこと。**外国船は日本領域への侵入を繰り返した**。1824年には巨大なイギリス捕鯨船が水戸藩領周辺の海域に侵入し、無断で入国。脅威にさらされた水戸藩では、筆談役をした会沢正志斎《あいざわせいしさい》が中心となり、対日侵略に対抗するため尊皇論で国内の一体化を図った。

この事件と前後して外国船の侵入が相次いでいたことから、幕府は1825年にオランダを除く欧米船を発見と同時に攻撃することを命じる「異国船打払令《いこくせんうちはらいれい》」を発布。外国の脅威を水戸藩主・徳川斉昭《なりあきら》も感じ取り、水戸藩を中心とした尊王攘夷の基礎が形作られたのだった。

天皇勅許による攘夷の終焉

とはいえ、公家からすれば水戸学は朱子学をもとにした武家の学問であるため、さほど影響を受けなかった。彼らにすれば水戸学の主張など、昔から伝わる当たり前のことである。

しかし、武士たちの間では、幕府への鬱憤を晴らすためのイデオロギーとなり、天皇という存在を、再び表舞台に再登場させるきっかけとなる。

とくに、**孝明《こうめい》天皇は大の外国嫌い**として知られており、外国人が日本の国土を踏むことに強い抵抗感をもっていた。尊皇志士は、この孝明天皇の後ろ盾を得て各地で攘夷を決行したのである。

しかし、軍事力に勝る外国艦隊に攘夷派は敵わなかった。1863年6月には長州藩が外国艦隊との砲撃戦で敗れ、同年夏には薩摩藩がイギリス艦隊に惨敗。戦力差を見せつけられた薩長は、開国もやむなしと判断するに至る。そして、後ろ盾を失った天皇も抵抗しきれなくなり、1865年10月に外国との条約締結の勅許を下した。こうして、結果的に**朝廷が外国との融和を認めた**こととなり、攘夷運動は下火に向かったのである。

しかし、逆に薩長土を中心とする雄藩は、外国の先進技術を取り入れて兵器の近代化に努め、幕府打倒を目指すようになる。雄藩は尊皇という大義を掲げ、幕府と衝突するのである。

まとめ

- **尊王攘夷運動は、社会不安を抑えられない幕府への不満から火がついた**
- **天皇を敬い外国を排するという尊皇攘夷思想は、徳川御三家の水戸藩から生まれた**
- **外国との技術力の差から攘夷運動は終焉し、雄藩は討幕運動に舵を切った**

33 維新の志士と天皇家の関係は？

天皇家に刃を向けた志士

倒幕を目指した維新の志士たちは、「勤王派」とも呼ばれていた。勤王という言葉には「天皇のためのみに勤める」という意味がある。その言葉どおり、過激な志士は幕府の完全な排除を目指して討幕運動に躍進した。

ただ、勤王派の志士と天皇家には、絶対的な君臣関係があったわけではない。むしろ志士たちは**目的達成のために天皇家を利用し、刃を向けたことさえあった**。その最たる例の一つが、1864年に起こった「禁門《きんもん》（蛤御門《はまぐりごもん》）の変」だ。

事件は、公武合体派の薩摩藩・会津藩と、急進的な攘夷論を唱える長州藩の対立が発端だっ

1864年、長州藩が御所を守る薩摩・会津藩を攻撃した禁門の変の様子

た。公武合体派とは、天皇家の権威と幕府の武力を結び付け国難に当たろうとした勢力だ。

1863年、「八月十八日の政変」によって長州藩側を京都から追放したことで、公武合体派は優位に立っていた。そこで長州藩の急進派は、事態の巻き返しを狙って兵を御所へ進め、警護する会津藩と軍事衝突した。

しかし、勤皇の観点からいえば、御所に弓を向ける長州藩の行為は反逆でしかない。結局、西郷隆盛率いる薩摩藩が会津藩の援軍として参戦すると、長州藩は押し戻され敗北。公武合体派が天皇の権威を手中に収めた。

利用された密勅

禁門の変が示しているとおり、幕末は**いかに天皇を抱き込んで朝廷を味方陣営につけるか**が、権力闘争の焦点となっていた。そこには天皇の意思など関係なかった。

1867年10月には、薩長の志士が朝廷にはたらきかけ、「討幕の密勅」を引き出すことに成功している。それは「賊臣・慶喜を誅殺せよ」という討幕令だった。

だが、禁門の変で天皇家を懸命に護衛した指揮官は徳川慶喜であり、このような命を天皇が自身の判断で下したことは考えにくい。むしろ、勅書に必ずあるはずの「御画日《ごかくじつ》」（天皇による日付の記入）がなかったことなどから、この密勅は偽造された疑いもある。

結局、慶喜が大政奉還を奏上して朝廷に政権を返上し、密勅は空文化することになったが、この陰謀の背景にいたと考えられる公家の岩倉具視や薩摩藩の大久保利通などは、**新政府発足後も天皇の権威を利用し、新国家を創ろう**としていた。実際、明治新政府の元勲となった大久保は「自分に都合の悪い勅命は無視すべし」と公言してはばからなかったという。

天皇が親愛した志士

このように、明治天皇は幼少時から権力闘争に巻き込まれてきた。人間不信になってもおかしくない経験をしてきたわけだが、天皇が親愛の情を示した志士もいた。薩摩藩出身の西郷隆盛はその代表だ。

西郷は常から「天皇のためには命も要らず」というほど忠義の志士で、天皇は西郷を大変信頼していた。西郷が1873年に下野したときには落ち込み、1877年の西南戦争で朝敵となると、天皇は閉じこもり政務も最低限しか行わなかったようだ。

そんな明治天皇に気晴らしとして、乗馬などを勧めたのが木戸孝允《きどたかよし》だ。長州藩の代表として薩長同盟を成立させた木戸は、明治天皇の江戸行幸も任されるなど厚い信任を得ていた。木戸が病に倒れた時も、天皇が邸宅に見舞いに訪れたほどだった。

とはいえ、大多数の明治政府首脳陣にとって、天皇制は建前でしかなかった。中央集権化をするために天皇の権威に頼ったが、その実態は薩長の実力者を中心とする寡頭政治そのもの。尊皇攘夷運動を信じた志士たちからすれば、明治政府のやり方は奇異に映ったに違いない。

まとめ

- 長州藩の過激派志士のように、天皇を政治的に利用する武士は少なくなかった
- 幕末は、朝廷を味方に引き入れることが重視され、天皇に実権はなかった
- 明治天皇の下、新政府が発足したが、その実態は薩長を中心とする寡頭政治だった

34 孝明天皇は倒幕派に暗殺された？

不可解な天皇の死

攘夷こそ頓挫したものの、幕末の志士の間で尊王の意識は長く共有された。となれば、天皇を敬う武士や臣下が多かったに違いない、と思いきや、実際はそうでもなかった。それは、明治政府首脳陣が天皇制を建前とみなしていたことからもわかる。

それどころか、**都合が悪くなったから暗殺されたのではないか**と言われる天皇がいる。明治天皇の父・**孝明《こうめい》天皇**である。

開国を拒否し、攘夷運動に影響を与えていた孝明天皇は、1867年1月に崩御した。朝廷からは、天皇の死因は疱瘡によると公表された。しかし当初は、そこまでひどい症状ではなく、発

孝明天皇（左）と天皇暗殺の主犯とみなされることのある岩倉具視（右）

病から10日後には快方に向かっていたという。それが突然具合が悪くなり、側室の中山慶子が「御九穴から御脱血」と表現するほど全身から血を吹き出して死を迎えた。
この異常な死に対し、当時から天皇は暗殺されたのではないかと噂され、一時は信憑性の高い仮説として広く信じられていた。暗殺を裏付ける証拠は発見されていないものの、暗殺説を信じる研究者は今も少なくない。

倒幕派からの敵視

確固たる証拠がないのに暗殺説が支持を集めるのはなぜだろう？　それは孝明天皇が倒幕派にとってあまりに都合が悪い存在だったからだ。強硬な攘夷派ではあったものの、孝明天皇は幕府との関係を崩そうとはしなかった。それどころか、妹の和宮を将軍家に嫁がせるなど公武合体政策の立場をとり、**幕府と関係を強化することで外国へ対抗しようとした**のだ。

尊王攘夷派を京都から追放した八月十八日の政変や長州藩の征伐も、裏で糸を引いていたのは孝明天皇だったし、徳川慶喜の将軍就任も、天皇の支持が影響を与えていた。

もし天皇と幕府の関係が維持されれば、薩長が目指す倒幕は不可能となる。それどころか、攘夷路線の復活で対外保守的な政策をとりかねない。そうした事態を危惧した倒幕派が、疱瘡を患った天皇に毒を盛って殺害したというのである。

実際、孝明天皇の崩御後に倒幕派は勢いを取り戻し、幕府から政権を奪還。若い明治天皇をたてながら薩長の実力者が実権を握ったのである。

主犯格とされた公家

では、仮に暗殺が事実だとすれば、天皇を殺した実行犯は誰かが気になるところだ。有力候補は、尊王攘夷派の公家・**岩倉具視**である。

岩倉には、天皇を暗殺する動機があったという。岩倉は朝廷内でも随一の尊王攘夷論者であり、王政復古による新政権樹立を目指していた。しかし、幕府との関係強化を重視した孝明天皇は、倒幕の可能性を遠ざけた。加えて岩倉には、情報漏えい疑惑で辞官と出家を孝明天皇に強制された過去があり、**個人的な恨みもあった**とされる。さらに、天皇と接触しやすい公家という立場は、天皇暗殺にはうってつけだった。

だが、岩倉が暗殺した証拠は何もない。動機も決定打とは言えないだろう。むしろ、友人の国学者・坂本静衛に岩倉が送った私的な手紙には「千世万代の遺憾」「悉皆画餅《がべい》となり」と天皇の崩御を悲しむ文章がつづられている。こうしたことから、岩倉が天皇を暗殺したという意見に反対する声も少なくない。

その真相はいまだ謎に包まれたままだが、いずれにせよ幕府にとって公武合体に賛同する孝明天皇を失ったのは痛手だった。孝明天皇の死が、時代の流れを倒幕派寄りに変えたことだけは確かである。

まとめ

- **攘夷派の孝明天皇が異様な死を迎えたことから、開国派による暗殺説が噂された**
- **天皇は幕府との融和を図る公武合体派だったため、倒幕派に狙われた可能性もある**
- **暗殺犯として公家の岩倉具視の名が挙げられるが、真相は謎に包まれている**

1946年10月、日本国憲法案について審議する天皇の諮問機関・枢密院

第五章

強く生まれ変わった近代の天皇

35 天皇が国家元首となったのはなぜ？

天皇中心の国家へ

1500年以上にわたる歴史の中で、天皇が権力を掌握した期間は意外と短い。とくに武家が台頭した平安時代末期以降は、表舞台に立つことがほとんどなかった。

そんな天皇が、国家の統治者として君臨するきっかけとなったのが、1868年に始まった**戊辰戦争**だ。この戦争で国家が二分する危機に陥ると、**「国をまとめるには、精神的支柱として天皇が君臨すべき」**という認識が新政府でも高まったのである。

とはいえ、京都に住む人々や武家以外の人間にとって、天皇は遠い存在であり、維新の動乱も、自分たちと無関係な権力闘争として冷ややかに見ていた節があった。

明治天皇の御真影（左）と軍事演習を視察する明治天皇の様子（右）

それが証拠に、幕末期の川柳や替え歌には、天皇や公家を揶揄したものが少なからず創作された。「江戸の豚京都のちんに追出され」という辛らつな狂句もあったほど。「豚」とは開国派で豚肉を食した徳川慶喜を指し、「ちん」とは天皇の自称である「朕」と、明治天皇を新政府の手先と見立てた「狆（犬）」をかけている。

こうした状態を変えようと、明治政府は天皇に対する畏敬の念を国民に浸透させる様々な施策を行うことになったのである。

神格化に向けた施策

1868年3月、明治政府は新国家の方針として「五箇条の御誓文《ごせいもん》」を発表した。

「広く会議を興し、万機公論《ばんきこうろん》に決すべし」で始まるこの御誓文により、「天皇が責任をもって国を治める」旨が宣言された。

そして、政府は天皇の存在を世間に浸透させるため、時間と空間の支配に乗り出す。

まず、1868年9月に年号を明治と改元。年号は天皇一代につき一元のみに固定するという**一世一元の制**を採用した。

また、江戸時代にはほとんど行われなかった**行幸**《ぎょうこう》を実施し、天皇の存在感を国民にアピール。天皇は、1872年5月から約1カ月半をかけて、近畿、中国、九州の各地を巡った。

そしてその地位は、大日本帝国憲法によって「大日本帝国は万世一系の天皇これを統治す」とされ、日本は天皇を君主とする立憲君主制国家であることが規定された。ここに名実ともに、天皇が日本の統治者であることが定められた。このように、明治政府は天皇の権威を高めることで、自分たちが目指す政策を推し進めようとしたのだ。

軍の最高指揮官としての地位

その重要な国策として、明治政府が掲げたのが**徴兵制**であった。近代戦を戦う上では、指揮官の命令に忠実に動く兵士が欠かせない。そこで1873年に徴兵令が公布された。

政府も国民の忠誠心を培うには、天皇を最高責任者に位置付ける必要があると考え、大日本帝国憲法で、11条に天皇を「陸海軍の統帥」と規定し、20条には兵役義務を明記。さらに1889年、兵役の免除規定を大幅に制限した徴兵令が再公布され、国民皆兵は「天皇への名誉あるご奉仕」として、太平洋戦争が終わる1945年まで続くこととなった。

このように維新後の明治天皇は、江戸期の「幕府に隠し護られた天皇」から一転、政治や軍事の前面に押し立てられることになった。

だが、**明治天皇自身は、急速に進む欧米化・近代化により、日本古来の伝統や情緒が損なわれることを懸念していた**とも言われている。そのため1890年に、政府は「親に孝行」「夫婦相和」など日本独自の道徳観に立った**教育勅語**を発布。また、新嘗祭をはじめとする宮中の祭祀も大切に守り続け、維新の騒乱で被害を受けた京都の復興にも尽くしたのである。

まとめ

- **新国家の精神的支柱として天皇の権威を高める政策が次々に実行された**
- **天皇の存在を世間に広めるため、政府は天皇行幸を積極的に実施した**
- **徴兵制を導入し、軍のトップに天皇を位置づけたことで、天皇の存在感は増した**

36 天皇家と海外王室の関係は？

ハワイ王からの求婚

世界には天皇家だけでなく、多くの王室が存在する。天皇や皇族が海外の王室を訪れたり、逆に接遇したりすることは、重要な公務の一つだ。

皇族が初めて西洋の君主に謁見したのは、１８８７年イギリス・ヴィクトリア女王の在位50周年を祝う式典においてであった。とはいえ、新国家樹立から間もない日本を天皇が留守にするわけにはいかなかったため、名代として皇族である小松宮彰仁親王《こまつのみやあきひとしんのう》が派遣された。このとき、小松宮彰仁親王は烏帽子《えぼし》に直垂《ひたたれ》という日本的な出で立ちで参加している。その姿が、イギリス王室の目にエキゾチックに映ったことは想像に難くない。

西欧視察中の皇太子（右から３人目）（「皇太子殿下御渡欧記念写真帖」国会図書館所蔵）

その後も皇族による外遊は続いた。それらの皇族の中には、明治天皇から各国皇帝の陸海軍統帥の在り方や王室典範の見聞を命じられる者もいたという。ここから**皇族の外遊には、政情分析や情報収集など外交官のような役割もあった**といえるだろう。

なお、天皇家が海外の王室から何かを得ようとしていたのと同じように、天皇家に助けを求めた王室もあった。1881年3月、ハワイ国王・カラカウア王が訪日して明治天皇と会見すると、**王は姪であるカイウラニ王女と、山階宮《やましなのみや》定麿王《さだまろおう》との結婚を要請した**のである。

王は、天皇家と婚姻関係を結んで友好関係をつくり、政治介入するアメリカに対抗しようとしていた。明治天皇は「将来に累を及ぼす」として要請を拒否したが、もしこの結婚が実現していれば、ハワイに日本人の血を引く国王が誕生していたかも知れない。

昭和天皇の西欧視察

明治天皇と大正天皇は生涯日本を離れることがなかったが、**昭和天皇は、近代的な君主にふさわしい見識を身につけるため、皇太子時代、約半年にわたる西欧視察に出かけている。**

1921年3月、横浜港から御召艦「香取《かとり》」に乗艦した裕仁《ひろひと》親王（のちの昭和天皇）一行は、イギリス・フランスなど計5カ国へ向かった。とりわけ、イギリスは立憲君主制のお手本であり、その王室を尋ねることは、君主のあるべき姿を学ぶ上で重要な意義があった。

そして、イギリスに到着した日の夜、バッキンガム宮殿で晩餐会が催された。宮殿には、世界最長の伝統を持つ東洋の皇太子を一目見ようと大勢の王族や名士が集まった。

そこで裕仁親王は、第一次世界大戦でいまだ戦災の混乱から立ち直っていないイギリスの国情を踏まえ、「英国国民が勇気と忍耐をもって、国難に立ち向う姿は、感歎せずにはいられない」というスピーチを行った。その堂々とした振る舞いには賞賛の声が上がったという。

この姿を見て、当時駐英大使館職員だった吉田茂ら日本関係者は心底胸をなでおろした。実は裕仁親王は、**石地蔵と呼ばれるほど無口でスピーチは苦手**だった。そこで、イギリス上陸までの乗艦中に、テーブルマナーやスピーチの作法などを徹底的に叩き込まれていたのである。

欧州訪問は人生の花

この王室訪問は、当時20歳だった裕仁親王の知見を大いに広げることになった。例えば、スコットランドの侯爵邸を訪れた際、領主と農民がダンスに興じている光景を見て、身分の隔てのない自由な関係に強い衝撃を受けたという。また、第一次世界大戦の激戦地であったベルギーのイーペルや、フランス・ロレーヌ地方のヴェルダンを訪問すると、見渡す限り戦死者の十字架が並ぶ光景を目の当たりにした。この戦跡を視察した皇太子は「戦争とは実にむごいものだ」と述べ、大戦がもたらす悲惨さを深く胸に刻み込んだという。

皇太子が海外王室と交流を深めたことは、**その後の人格や思想形成に大きな影響を与えた。**それは昭和天皇自身が、「欧州訪問は人生の花であった」と述べていることからも明らかだろう。

まとめ

- 明治維新後、天皇家は海外の王室とも交流し、皇室の国際的なあり方を学んでいる
- 昭和天皇は皇太子時代に第一次大戦後のヨーロッパを視察した
- 昭和天皇は身分の自由な西洋の環境に驚き、戦地を巡って戦争の悲惨さを実感した

37 天皇は法律上どのような存在だったのか？

日本初の近代憲法

近代国家において国の最高法規といえば、憲法である。これは大日本帝国の時代も同じだ。王侯貴族が好きに力を振るった中世とは違い、近代社会では、支配層を憲法の制限下に置き、国会を設けて国民の権利を保障する立憲主義が主流だった。

そして何より、**後発国である日本が国際的な信頼を得るには、この立憲主義の整備が必要不可欠**だった。明治政府は、幕末に江戸幕府が欧米諸国と結んだ不平等条約改正を目指していたし、在野の士族からは参政権を求める自由民権の声も高まっていた。

そこで政府は、１８８１年に「国会開設の勅諭」を発し、伊藤博文は憲法の作成と国会の開設に着手したのである。

大日本帝国憲法発布の場面を描いた錦絵

そして、天皇制にふさわしい憲法を制定するために参考候補として挙がったのが、議会中心のイギリスの立憲君主制と、君主の権限が強いプロイセンの憲法だ。

政府としては、自由民権派をおさえるために、**天皇と政府の権限が強い憲法**が必要だった。そこで日本と制度が似ていたプロイセンの憲法を参考に草案を審議。こうして完成したのが、大日本帝国憲法だった。

憲法上の天皇の役割

日本国憲法と大日本帝国憲法の一番の違いは、天皇の地位と扱いだろう。

日本国憲法では天皇を国家の象徴と定めたのに対し、大日本帝国憲法では**天皇は日本の主権者**として位置づけられている。

また、天皇が持つ権限、いわゆる**「天皇大権」**が及ぶ範囲は広かった。

立法権から始まり、法律・予算案の承認、災害や国家レベルの事件における緊急勅令と戒厳令の発令、各種大臣の任命、外交における外国との交渉・条約締結の決定権、さらには憲法を改正する権利など、日本国憲法の規定とは大分事情が違う。

軍事においてもかなりの権限を有していた。部隊の編成や命令、将軍の任命権があったのは天皇だけで、内閣でも口出しすることはできなかった。

ここまでなら天皇の独裁国にも見えるが、実際はそれぞれの補助機関が代わりに執行することになっており、予算案や法律は天皇への協賛という形で議会が行うことが大半だった。

つまりは、**数多くの権限を持ちながらも、天皇がそれらを直接執行するのは非常に稀だった**のである。

皇室の基本ルール

そして憲法の他にも、天皇のあり方を示した法がある。皇室全体を対象とした**皇室典範**《こうしつてんぱん》だ。

皇室典範は、王室の規定と憲法を分けたドイツに倣《なら》って1889年に制定された。当初は憲法と同格の最高法として扱われ、国会による改正が許されないなど、別格の扱いを受けた。

法律は12章から成り立っており、大日本帝国憲法とは違って公布されず、新聞各社から非公式に発表する形がとられた。**民衆に興味を持たせず、世間の皇室介入を防ぐための処置**である。

注目すべきは、女系・女性天皇の即位を正式に否定したことと、譲位に関する規定が載せられなかったことだ。軍の指揮官に女性がつくことは望ましくないという意見があったこと、天皇の意思による譲位を想定していなかったことが理由だが、この二つの規定は現在の皇室典範にも受け継がれて、戦後の皇室制度の在り方にも影響を与えている。

ただ、現在の皇室典範は憲法と同格にはされず、一般法と同じ扱いを受けているため、国会決議による改正は可能だ。戦後70年が経過した現在、皇室典範に規定された天皇のあり方を考え直すべきだという意見も少なくない。

まとめ

- 自由民権派を抑えるために、政府は君主権の強いプロイセンを例に憲法を作成した
- 憲法上、天皇は権限が大きかったが、実際は補助機関が政務や軍務を担っていた
- 憲法と並ぶ最高法として皇室典範が定められ、皇室のルールが決められた

38 天皇暗殺を企てた事件とは？

皇族への犯罪を対象にした罪

一時期に比べれば大分減ったが、今でも天皇制について反対を訴える組織は存在する。１９７１年と75年には新左翼系過激派が皇居内に突入した「坂下門乱入事件」が起きているし、１９７４年には昭和天皇の乗る電車を爆破しようとした「虹作戦」の計画があった。

現在では、こうした天皇をはじめ皇族への犯罪行為は刑法で裁かれるが、大日本帝国憲法下では、皇族を狙うと特別な刑罰が適用されていた。その中で最も重い罪が、殺害や暴行を対象とした**「大逆罪」**である。天皇暗殺は計画だけで死刑になるレベルで、裁判は一審のみ。対象者には非常に重い刑罰が科せられた。

天皇暗殺を企てたとして大逆罪で裁かれ死刑となった幸徳秋水（前列中央）

この大逆罪を適用した事件が、大正から昭和にかけて3回も起きている。一つは**朴烈事件**《ぼくれつ》である。事件は1923年、朝鮮人の社会運動家・朴烈と、愛人の金子文子が警察に連行されたことから始まる。関東大震災後に頻発した暴行からの保護だと警察は説明したが、目的は反日家である二人の拘束だった。そして司法当局の苛烈な取り調べにより、朴烈は大正天皇の暗殺計画を自白したのである。

本当に暗殺を企てたかは不明だが、この自白で朴烈らは起訴され、最終的に大逆罪が適用されて死刑判決を受けた。後に天皇の恩赦で無期懲役に減刑されるが、金子は獄中で死に、朴烈が釈放されたのは太平洋戦争後だった。

昭和天皇を狙ったテロ

二つ目は、朴烈連行から約10年後に起きた**桜田門事件**

である。1932年1月8日、陸軍観兵式から還幸《かんこう》した昭和天皇の乗った馬車に、桜田門付近で群衆の一人が爆弾を投げつけたのだ。

幸いにも爆弾は天皇の馬車を大きく外れた。逮捕された李奉昌《りほうしょう》は、日本の植民地だった朝鮮半島の独立を目指す抵抗組織の一員だった。李は組織のリーダーから天皇暗殺を命じられ、日本に爆弾を持ち込み襲撃したという。

なお、昭和天皇は社会主義者からも命を狙われたことがある。皇太子時代の1923年、社会主義者の難波大助に車を銃撃されたのだ。幸い、この**虎ノ門事件**のときも昭和天皇に怪我はなく、難波も大逆罪で処刑されたが、事件の影響は非常に大きかった。内閣がテロの責任を取り総辞職したほか、警備責任者の警視総監と警務部長が懲戒免職となり、難波の出身地の小学校でも、反逆者を育成した罪で校長が辞職している。

最も有名な大逆事件

そして、現在で最も有名な大逆事件といえば、明治に起きた**幸徳事件**だろう。

1910年4月、長野県の職工・宮下太吉が、社会主義運動家の新村忠雄、古川力作、菅野

スガと結託して明治天皇の爆殺計画を立てた容疑で逮捕された。自宅から爆弾の材料が押収されて宮下の容疑は固まったが、警察は彼の背後関係にも目を向け追及した。すると、社会主義者のリーダー的存在だった**幸徳《こうとく》秋水《しゅうすい》**の名前が挙がったのである。

逮捕された宮下と新村は、秋水の唱えた議会廃止による平等実現を強く支持していたし、菅野は秋水の愛人だ。宮下の証言によると、秋水は彼の計画に理解を示し、協力者の紹介などを積極的に支援したという。秋水本人は容疑を否認したが、警察は共犯者として逮捕。そして、警察は事件を利用して、全国の社会主義者を共犯者として逮捕し始めたのである。

そのほとんどが計画と無関係だったというが、数百人規模の逮捕者のうち24人が死刑判決となり、秋水を含む12人が早期に刑を執行された。**天皇暗殺容疑を利用した**この事件は、戦前最大規模の思想弾圧事件として語り継がれている。

まとめ

- 大日本帝国憲法下では、皇室への犯罪は大逆罪で厳しく裁かれた
- 大正期ごろから、天皇制に異を唱えて皇族を狙うテロ事件が起きた
- 20世紀初頭、天皇暗殺容疑を利用して社会主義者を弾圧する幸徳事件が起きた

39 天皇機関説と天皇主権説ってなに？

大日本帝国憲法の矛盾

明治から昭和初期にかけて、天皇は憲法上、神聖不可侵の元首だった。しかし、天皇の立場を定めた大日本帝国憲法には、ある矛盾があった。そしてこの矛盾が論争を呼び、思想弾圧事件にまで発展することになる。

矛盾とは次のようなものだ。大日本帝国憲法第1章第1条には「大日本帝国ハ万世一系ノ天皇之ヲ統治ス」と書かれ、第3条の「天皇ハ神聖ニシテ侵スヘカラス」とある。これらの項目に従えば、天皇は**国会の制御を受けない神聖不可侵の存在**ということになる。

ところが、第4条には「統治権ヲ総攬シ此ノ憲法ノ条規ニ依リ之ヲ行フ」とある。これに従

大正期に天皇機関説を唱えた美濃部達吉。美濃部は機関説で、天皇であっても憲法の制約下にあるとし、国家の一機関と位置づけた。この機関説は知識人から支持を集め、憲法解釈の常識となったが、昭和期になって天皇を絶対視する軍部が台頭すると、機関説は天皇権威を貶めると槍玉に挙げられた。

うと、**天皇といえども憲法の制御下に置かれ、法に基づいた統治をしなければならない**が、それだと第3条に違反してしまうのだ。

天皇は法にとらわれない神聖な存在か、それとも法に従うべきか。この二つの違いを解釈しようとしたのが**天皇機関説**と**天皇主権説**である。

機関説と主権説

第3条を重視し、天皇の独立性を重視する天皇主権説を唱えた代表者が、明治中期の法学者・**穂積《ほづみ》八束《やつか》**である。穂積は天皇の主権性が憲法で保障されていると解釈し、法による拘束を受けずに日本の統治が可能だと判断した。

一方、天皇であれども憲法の制約からは逃れられないとし、国家運営の一機関とした天皇機関説を主張したのが、大正期の憲法学者・**美濃部達吉**《みのべたつきち》だった。欧米の立憲君主制を参考に、美濃部は天皇を絶対視せず、憲法に基づく統治をするべきとしたのである。

1912年に発表された機関説は、知識人の賛同を得た。大正デモクラシーという、民主主義的な価値観が重んじられた時期だったことが大きいだろう。さらに、美濃部は官僚の資格試験を受け持つ高等文官試験委員に任命されたため、官僚への機関説の影響力も高まっていった。

軍部に弾圧された機関説

ところが、昭和になると機関説は一転して激しい弾圧を受けることになる。その原因は軍部の台頭である。比較的平和だった大正とは違い、昭和になると世界恐慌の煽りで経済が大打撃を受けた。だが、この不況に政治家は有効な対策を打てない。国民の不満は募る一方だった。そんな中で、軍部が天皇中心の国家改造を掲げ、民衆の支持を集めて勢力を伸ばしたのである。天皇を絶対視する軍部にとって、天皇を制限下におく機関説は認められないものだった。そのため1935年2月18日、貴族院議員となっていた美濃部は、本会議で陸軍出身の菊池武夫議員に天皇機関説を攻撃されたのだ。

美濃部は国会答弁で弁明するが、機関説への非難は止まらなかった。右翼議員の攻撃は続き、陸軍省は直々に憲法解釈の解説本を作って世間に配布したほどだ。これらの動きに岡田啓介《おかだけいすけ》内閣も同調せざるを得なくなり、機関説排除は閣議決定された。さらに、美濃部の著書3冊が発禁処分となり、政府から機関説の支持派は排除されたのである。

その後、美濃部は不敬罪疑惑で取調べを受けた。結局は釈放となったが、もはや国会に支持者はいなかった。さらに軍部の圧力を受けた内閣は、8月に天皇を国家の大権と定めた「国体明徴に関する声明」を公表し、国体に反する思想や言論の統制をより強めていった。これが、**天皇機関説事件**と呼ばれる思想弾圧事件の経緯である。

軍は主権説による天皇の神格化を利用しつつ、支配をより強化していったわけだ。憲法という国の根幹を支えるルールに矛盾があったことで、法の秩序が崩れてしまったのである。

まとめ

- **大日本帝国憲法では、天皇が憲法の制約下にあるかないかはっきりしていなかった**
- **政治が民主化した大正期は、天皇を制限下におく天皇機関説が支持を集めた**
- **昭和初期に天皇中心の国家改造論を唱える軍部が台頭すると、機関説は弾圧された**

40 天皇と軍部はどのような関係だったのか？

大元帥と呼ばれた天皇

約70年前、日本は太平洋戦争に敗れて国土は焦土と化した。この戦争に至った原因について、**軍部の独走**が真っ先に挙げられることが多い。では、統帥権《とうすいけん》を担っていたはずの天皇は、軍とどのような関係だったのだろうか？

大日本帝国憲法では「天皇ハ陸海軍ヲ統帥ス」と定められている。統帥とは軍を統率・指揮することを指す。第12条には「天皇ハ陸海軍ノ編制及常備兵額ヲ定ム」とあり、これは日本軍全体の編成や予算決定まで天皇の決定が必要だったことを意味している。また、他国との開戦と休戦の最終決定権も政府になかったので、天皇の決定がなければ、戦争を始めることも終わ

陸軍の観兵式に参加する昭和天皇

らせることもできなかった。

こうした軍の最高指揮権限を**統帥権**という。軍人の在り方を示した軍人勅諭の中でも、天皇を最高司令官の大元帥と表現して、一般兵にも忠誠を義務付けていた。

天皇を輔弼する軍機関

とはいえ、いくら大権を持っていても、天皇だけで軍を隅々まで管理することは不可能だ。**軍務は天皇に代わって陸海軍が行うことになっていた**。

陸軍の軍務を担当したのは「参謀本部」である。参謀本部は、軍隊の作戦立案と部隊運用に関する業務である「軍令《ぐんれい》」を行うための機関だ。その長である参謀総長は、天皇直属の役職として、大きな権限を振るっていた。

一方、海軍で軍令を司っていたのは「軍令部」だ。天皇直隷の軍令部総長をトップに、作戦立案と部隊編成、演習から情報分析までを担い、連合艦隊や各地の鎮守府も指揮下に置いた。

この陸海両軍の要人や政治トップが集まり戦争方針を決める組織が大本営だ。ただ、大本営は常設組織ではなく、戦時にのみ召集される臨時の統率機関であった。

実質的には、これらの組織が天皇補助という名目で、陸海軍を指揮統率した。各組織が発案した作戦は一度天皇に報告され、討議が多少交わされてから承認を受けるのが常だった。

天皇のみに忠誠を誓う

形式上は天皇が軍の頂点に立ち、軍人は天皇に忠誠を誓って職務を全うする。こうした主従関係は日本軍の特徴のひとつだったが、これが同時に最大の問題点でもあった。

軍の指揮権が天皇のみにあるということは、それ以外の人間は軍人の行動に口を挟めないということになる。つまり、**政治家や国民は日本軍をコントロールすることができない**のだ。

当時の政府が、なぜ軍の暴走を止められなかったかという疑問の答えもここにある。

1930年の「ロンドン海軍軍縮条約」締結時、海軍と野党だった立憲政友会《りっけんせいゆうかい》が「政府が軍令部を通さず軍縮するのは憲法違反」と批判したことで、軍の作戦行動や予算などに口出しすることは「統帥権の干犯《かんぱん》」だとしてタブー視されるようになった。

しかも、**軍を制御できる唯一の存在である天皇は、政治的干渉を避けるために軍部に意見することは滅多になく、暴走行為へのストッパーにはなれなかった**。もちろん統帥権問題だけが軍部独走の原因ではないが、軍幹部が憲法上の優位を利用したのは間違いない。

その結果何が起きたかは歴史が証明している。制御のなくなった軍はアジア侵略を加速させ、無謀な対米戦争へと突き進む。だが、戦況が悪化しても最終判断を下す者がおらず、最終的には大日本帝国は滅亡してしまった。

このような悪しき前例を繰り返さないよう、現代では文民で構成された国会が自衛隊の行動を規定し、内閣総理大臣が最高指揮権を握って民意によるコントロール下に置いているのである。

まとめ

- **天皇は軍を統率する統帥権を持ち、予算編成や開戦・停戦の判断も担った**
- **実際の統帥権の執行は陸海軍が担当し、天皇は報告を受けて承認する立場だった**
- **軍部は統帥権を盾に政治家の軍政介入を制限し、対外拡大路線を強行した**

41 太平洋戦争開戦と終戦 そのとき天皇は？

対米戦争回避への協力

昭和初期、国連脱退以降世界から孤立を深めた日本。1937年から始まった日中戦争は泥沼化の一途を辿り、アメリカやイギリスとの対立は深まるばかりだった。事態打破のため、政府は同じ国連脱退国家のドイツ・イタリアとの同盟を締結するが、全体主義国家との関係強化は逆にアメリカの反発を招くだけだった。

こうした事態を憂いていたのが、**昭和天皇**である。統帥権を悪用して政治介入し、満州事変のような独断専行を続ける陸軍に、天皇は不信感を抱いていた。現に1940年1月には、ドイツ・イタリアとの同盟に反対する米内光政を首相に任命し、締結阻止に動いている。

天皇出席のもと国策を決定する御前会議の様子

しかし、**天皇は政治介入に消極的**で、軍部を止めるにはいたらなかった。同盟締結後、軍部は戦争遂行に必要な資源を求めてフランス領インドシナへ進駐。これに反発したアメリカは日本への経済制裁に踏み切り、両国の関係はさらに悪化した。

日米開戦への危惧

経済制裁によって資源の輸入が大幅に減った日本は、対米戦を不可避と考え、1941年9月の御前会議で、10月下旬までに日米交渉が成立しなければ開戦を決行する「帝国国策遂行要領」が可決された。

だが**天皇は非戦の態度を崩さなかった**。会議の2日前には陸海のトップに戦争準備より外交交渉を優先するよう助言し、期日を過ぎても開戦を決断しなかった。

しかし、その後も外交交渉はうまくいかなかった。開戦に消極的だった近衛文麿内閣が10月に総辞職すると、後任の東条英機の下で外交交渉は続けられたが、成功する見込みは薄かった。結局、天皇の思惑は、「中国大陸からの全面撤退」など日本のアジア権益放棄を訴えるアメリカの最後通牒「ハルノート」で潰えた。そこで政府は交渉の限界を悟り、対米開戦を決断。陸海軍の首脳は、真珠湾攻撃を含む全作戦計画を天皇へ上奏したのである。

天皇は敗戦を予想していたというが、**国家分裂とクーデターを危惧し、12月1日の御前会議でやむなく開戦を承諾**する。かくして日本軍は12月8日の真珠湾攻撃により、対米戦争へ突入したのである。

戦争終結の決断

開戦初期こそ日本軍は善戦したが、1942年6月のミッドウェー海戦敗北で力を失い、1944年中頃には劣勢が確定的となった。東条内閣は7月に退陣へと追い込まれ、海軍良識派を中心に終戦工作への動きが出始めていたが、政府は戦争継続の方針を崩さなかった。昭和天皇はというと、実は主戦派の影響を受け、継戦を支持していた。

天皇は、**なるべく有利な状態をつくって、いい条件で講和を実現させようとしていた**ようだ。天皇は1943年から作戦への口出しが多くなり、マーシャル諸島などの防衛戦では軍部が応じきれないほどの攻撃要求を出したという。

しかし日本軍が戦果を挙げることはほぼなかった。天皇も1945年6月の沖縄陥落で有利な条件で講和を結ぶことは不可能だと理解する。広島・長崎への原爆投下とソ連対日参戦で主戦派の勢いが弱まり、本土防衛の準備が整っていないことを知ると、降伏の意志を固めるのである。

8月10日、昭和天皇は木戸幸一内大臣ら重臣の勧めで、ポツダム宣言受諾の御聖断を下し、14日に「終戦の勅書」を発した。軍部にはポツダム宣言受諾に反対する声も大きかったが、天皇の判断で日本は無条件降伏を受け入れた。もし天皇が決断していなかったら、戦乱は本土へと本格的に拡大し、さらなる被害が生じていたかもしれない。

まとめ

- **昭和天皇は対米戦を憂慮していたが、政治介入には消極的だった**
- **昭和天皇は戦争回避を指示したが、戦争が不可避だと知ると開戦を承諾した**
- **ポツダム宣言受諾に反対する軍人は多かったが、天皇は受け入れを決断した**

2014年4月24日、皇居でオバマ大統領（当時）と会談した今上天皇

第六章

象徴となった戦後天皇の新しい課題

42 GHQはなぜ天皇制を廃止しなかったのか？

天皇を存続させるか否か

1945年8月15日のポツダム宣言受諾をもって、太平洋戦争は日本の敗北に終わった。東条英機を含む要人の多くが裁判にかけられていく中で、政府は**昭和天皇の扱い**をもっとも危惧した。日本の元首である天皇を処罰するかは、連合国内でも意見が分かれた。イギリス、ソ連、オーストラリアは天皇の処罰を主張していたし、終戦直前の世論調査によると、アメリカ国内でも3割強の国民が天皇を死刑にすべきと答えていた。

そのような強硬論がある一方で、元駐日大使ジョセフ・グルーや中華民国の蔣介石《しょうかいせき》総統のように、民主主義化を前提とした皇室存続を主張する意見も多かった。ポツダム宣言で天皇制の

1945年9月27日、アメリカ大使館でマッカーサーと会見した昭和天皇

存続に対する記述を曖昧にしたのは、こうした連合国内の対立が影響していた。

だが反対派がいたにもかかわらず、天皇制は廃止されず、それどころか日本の戦争犯罪を裁いた東京裁判では訴追すらされなかった。一体なぜなのだろうか?

マッカーサー関与説の真偽

これについて日本では、**GHQのダグラス・マッカーサーの意向が影響しているとする意見が根強い**。

マッカーサーが、直接会見した昭和天皇が「全責任を負う」という趣旨の発言をしたことに好印象を受け、天皇制廃止を回避する方向に動いたという説だ。1946年1月には陸軍参謀総長ドワイト・アイゼンハワーへ証拠不十分不起訴が妥当と打電したことからも、マッカーサー説は説得力を持って支持されていた。

だが、実際にマッカーサーが国家元首の行方を決められるほどの権限を持っていたかを問視する声は多い。マッカーサーが皇室存続派だったことは事実だが、天皇の不起訴に直接関与した形跡はなく、本国からの指示に従い、情報収集と助言にとどまっていた。天皇不起訴と皇室存続はマッカーサーの功績ではなく、**アメリカ本国の方針**だったとする説の方が現在では有力だ。

皇室を利用した日本統治

というのも、アメリカ国防総省は１９４２年からすでに天皇制に関する検討を始め、１９４４年には皇室を制御下に置いて軍政を布くという基本方針を固めていた。つまり、アメリカ政府は、国内世論に反して早々に皇室存続を認めていたことになる。

アメリカが天皇を保護した理由。それは、皇室が存続した場合とそうでなかった場合の統治の難しさを比較すればわかるだろう。

終戦時、天皇の人気は大変高く、民衆から絶大な支持を集めていた。１９４６年から始まった全国巡幸では熱烈に歓迎され、１９４５年12月に行われた天皇制の是非に関する世論調査の結果、**90％近くの国民が存続を支持**していることがわかった。

もし天皇を裁判にかければ、国家元首という立場上、法廷で戦争責任を問われて重罰を科せられるのは間違いない。そうなれば、天皇を支持する日本国民は、アメリカへ激しい憎悪を募らせるだろう。それに乗じて政治家や元軍人らが反発するのも目に見えていた。最悪の場合、元日本兵とゲリラ戦に突入する可能性も考えられたし、日本が戦前以上の反米国家となるのは避けられなかっただろう。つまり、ＧＨＱは、**日本国民の反発をさけるため**に、天皇を制御下に置いて統治に利用することにしたのである。

そして、１９４６年４月８日、検察官会議でオーストラリアの起訴要求をアメリカが棄却したことで、天皇の不起訴は半ば確定。皇室は解体を免れることになり、世界最長の王室は、その存在が守られたのである。

まとめ

- **天皇は軍や政府の戦争指導者とは異なり、戦争責任を追及されることはなかった**
- **マッカーサーは天皇制存続を支持していたが、決定権はなかった**
- **日本国民の反発を避けることが、アメリカが天皇制存続を決めた理由だとされる**

43 日本国憲法で天皇の立場はどう変わったのか？

日本国の新しい憲法

日本国憲法がGHQの主導で作成されたことは、よく知られている。とはいえ、日本が全く関与できなかったわけではなかった。終戦直後から憲法草案の作成を求められていた政府は、幣原喜重郎総理大臣を中心に多く仮案を検討していたし、民間からの提案も多かった。

政府案は大日本帝国憲法とあまり変わらない保守的な内容だったが、天皇の統治権に一定の制約を加える自由党の案や、天皇制廃止を盛り込んだ共産党案、憲法研究会が書いた象徴天皇制に近い案など多様な案があった。

だが、1946年2月に毎日新聞が政府の保守案を掲載すると、GHQは態度を変えた。そ

昭和天皇の巡幸。日本国憲法によって現人神から国民の象徴へと位置づけられた。

して日本政府主導の民主化は困難だと判断し、独自の草案作成に着手したのである。

その後、昭和天皇の支持も得た草案は修正を重ねられ、日本国憲法は完成した。

象徴と定めた憲法条文

日本国憲法には、国民主権や平和主義など、大日本帝国時代にはなかった規定が多く盛り込まれた。では、政府が心配した**天皇の立場**はどのように規定されているのだろうか？

まず、第1条で、天皇の役割は、統治者ではなく**「国家と国民の統合的象徴」**だと位置づけられている。つまりは政治的な実権を持たない存在である。

では、「象徴」とは具体的にはどのような意味なのだろうか。憲法には明確に規定されていないため、憲法解釈次第で考え方は変わってくるが、**国政へ参加する権利と自衛隊の統帥権を一切持たない**点では、識者の見解が一致している。政治的実権をもたないという旧来の立ち位置が、改めて確認されたといってもいいのかもしれない。

儀礼や国会召集などの国事行為も内閣の承認が必要であり、総理大臣の任命も、国会の指名が必要となった。さらには皇室への財産譲渡や天皇からの賜与すら議決を必要とし、皇位継承は皇室典範に従うべきとした。

このように、憲法の厳しい規制によって、**天皇は国政と切り離された存在となった**のである。

GHQが作った象徴性

だが、実は当初はGHQも、天皇を元首として位置づけようとしていた。それが象徴に変えられたのは、**アメリカ政府の意向**が大きい。

憲法草案作成作業をGHQ内で始めるにあたって、マッカーサーは3つの原則を提案した。

このうち、戦争放棄を謳う第2項と、民主主義化の促進を記す第3項はそのまま採用されたのだが、天皇の立場を示す第1項に問題があった。原案に記された天皇の地位は、**Head of** the state。直訳すれば国家元首である。

大日本帝国憲法で国家元首と位置づけられた天皇の地位を残すのだから、この言葉が使われるのも無理はない。だが、天皇を国家元首と直訳すれば、戦前と同じ絶対的権力者だと解釈されかねない。民主化を確実に達成するには、日本統治に皇室を利用するとしても、天皇の政治的実権は排除しなければならなかった。

そのため、作成を任されたGHQ民政局の作業班は、日本語への翻訳の際に、政治に関与しない形式的な存在＝「象徴」と表記を変えたと伝えられているのだ。

保守系勢力は天皇の象徴化に反発したが、日本全体としては天皇制の安寧に繋がるとしてGHQの案を受け入れた。そして戦後70年以上が経過した現在でも、象徴としての天皇制は継続しているのである。

まとめ

- GHQの下、作成された日本国憲法では、象徴天皇制が採用された
- 天皇は国政と切り離され、政治的実権をもたない旧来のあり方に近い存在になった
- 「象徴」は、天皇に権力がないことを示すためにGHQがひねり出した言葉だった

44 天皇はどんな仕事をしているのか？

国事行為とは何か？

童話やファンタジーの世界に登場する王様は、玉座にどっしり構えて優雅な印象だ。天皇家もいわば日本の王様である。しかも、憲法では国民統合の象徴だと位置づけられている。それなら仕事も多くはないのだろう、と思いきや、実際には**かなり多忙な日々を過ごされている**。

天皇が行うべき仕事は、憲法で決められている。憲法第6条と第7条で制定された**国事行為**だ。国事行為とは、「天皇が政治機関として行う国家の業務」のこと。といっても、天皇には政治的実権は一切ない。国事行為には内閣の助言と承認が必要であり、戦前のように自身の意思を政治に反映させることは不可能だ。

2014年、安倍首相を任命する天皇陛下（毎日新聞社提供）

では、その内容はというと、代表的なのは**内閣総理大臣の任命**だ。戦前と同じく、首相の任命は天皇のみに許されている。最高裁判所の長官を任命するのもまた天皇である。国務大臣と認証官（副大臣など政務に関わる官吏）を任免する権利も与えられている。

さらに、法律や条約の公布、国会召集の宣言や衆議院解散、国会議員総選挙の公示、恩赦と減刑、栄典授与と外交文書の認証も、天皇の仕事に含まれる。

また、**宮中で行われる各儀式**も、憲法で指定された国事行事だ。

各大臣の承認に伴う親任式や任命式、外国の全権大使からの信任状を受け取る信任状捧呈式と勲章授与式の他、毎年正月に皇居で政府要人から祝賀を受ける新年祝賀の儀、皇族関連の臨時儀式の主催など、儀式だけでもかなりの仕事量だ。

公的行為である各儀式

憲法上では国事行為のみが天皇の公務とされている。しかし、天皇の仕事はこれだけではない。憲法に明記されない**公的行為**も公務の一つで、ここには**政治以外の業務**が含まれる。

国事行為との最大の差異は、実行に**内閣の助言と承認を必要としない**ことにある。責任は内閣が取るが、行為への配慮は宮内庁が行うことも大きな特徴だ。こう書くと憲法違反のように見えるかもしれない。だが、儀礼的なものが中心で国政に関わりがなく、中立と公平性を重んじる象徴の立場に反していないので、問題ないと解釈されている。

国事行為が「政治と関係が深い公務」なら、**公的行為は「国民との関係に重きが置かれた公務」**だ。1月2日に皇居の長和殿《ちょうわでん》で国民から祝賀を受ける新年一般参賀や、1月上旬に各界の権威から皇室の方々が講義を受ける講書始、日本学士院賞授与式などの式典への臨席も、公的行為と見なされている。その他の行事や施設でも、宮内庁が許可を出せば天皇の意思で行くことも可能だ。

また、**来日した国賓との会見と晩餐、その他の公賓や各大使との謁見や午餐**も公的行為に含まれる。なお、「皇室外交」とも呼ばれる海外訪問も、式典の参列や現地視察など政治外の理由なので公的行為とされているし、海外の首相への祝電や弔電も公務に含まれる。

天皇が私的にする慰問

では、災害時に見られる天皇の被災地慰問はどうだろう。実は、慰問は公的行為でも国事行為でもない。皇室の伝統である社会福祉行為に基づく見舞いなので、天皇のご意思による**私的行為**とされているのだ。同じように、宮中の儀式でも神道色の強い「皇室祭祀（宮中祭祀）」は政教分離の理念に反するとして、皇室の私的な行事として行われている。

以上が天皇の仕事内容であるが、今上天皇はこの他にも、昭和天皇が始めた稲作を引き継いで、自ら水田の世話にとりくんでいる。ここまでハードな仕事をするのは、誰でも骨が折れるだろう。「天皇でありつづける」ということは、われわれが思っている以上に大変なことなのである。

まとめ

- 憲法では、天皇の仕事は、政府行事である国事行為だと定めている
- 憲法に記載はないが、国内外の人々と交流する公的行事も、天皇の仕事に含まれる
- 被災地慰問や宮中祭祀は、今上天皇のご意思による私的行為とされている

45 皇室の経済事情はどうなっているのか？

明治維新で膨れ上がった皇室財産

権威はあっても政治には口出しできない。それが中世以降の天皇の立場だ。それは財政も同じだった。特に群雄割拠の戦国時代には、皇室の土地さえ戦国大名などに奪われたため、収入は減る一方だった。江戸時代には幕府から所領が与えられたものの、依然として収入は厳しかった。

それが激変するのは江戸時代末期のことである。１８６８年に始まった戊辰戦争で、朝廷は幕府や佐幕派の諸藩から領地を没収し、皇室の領地**「禁裏御料」**に加えた。その石高は約１５０万石。これまでの約50倍だ。やがて明治新政府が発足すると、禁裏御料は国有財産となったが、大日本帝国憲法では天皇の私有財産が認められ、**御料**と呼ばれるようになる。この御料が、

■2016年度の皇室にかかる費用（皇室費＋宮内庁費）

皇室費 60億9955万円	**内廷費** 3億2400万円	天皇と内廷皇族（皇后、皇太子とその家族、未婚の皇子女、皇太后）の生活費。
	宮廷費 55億4558万円	内廷費以外の宮廷運用費用。 施設整備や儀式にかかる費用、国賓や公賓の接遇や海外訪問における交際費など。
	皇族費 2億2997万円	内廷皇族以外の皇族の生活費。 秋篠宮家：6710万円　常陸宮家：4575万円 三笠宮家：7381万円　高円宮家：4331万円
宮内庁費 109億3979万円	職員（特別職・一般職合わせ約1000人）の人件費など	

莫大な財産へと拡大していくのである。

御料には、国の財産の多くが献上された。日本銀行や横浜正金銀行、日本郵船の政府保有株などだ。

献上の目的は、**国会の承認から逃れること**だった。国家予算は現在と同じく、議会の承認が必要であり国家財産の運営も同じだ。しかし、御料は憲法の範囲外で議会も関与できない。政府は議会の干渉を受けそうな財産を御料に移して予算を守ろうとしたのである。

戦前の額は数兆円規模

国家財産が投入されて御料は増え続け、その規模は**「世界有数の財閥」**と呼ばれるほど膨れ上がった。土地は日本の面積の約3％以上、有価証券は3億3000万円あまりを有し、その配当だけで年間800万円もあったという。

その財産は戦争を経てもなお潤沢だった。1945年に宮内省がGHQに申告した皇室財産は、なんと約15億9000万円。財産税の調査では約37億1000万円もの資産があったことがわかっている。**現在の額で数兆円を超えるレベル**だ。三井、住友、三菱などの大財閥でも、資産は3億円から5億円程度だったとされているから、皇室財産がいかに桁外れなのかがよくわかる。

しかし、天皇の権力を削ぎたいGHQは皇室財産を凍結。日本国憲法で皇室財産は国に属することが定められ、一部例外はあるものの、予算や授受も国会の議決が必要となったのだった。

5000億円を超える土地と建物

国に帰属されることになった皇族財産は、現在どれくらいの額なのか。

2015年3月31日時点で、土地建物とその従物に限れば、土地の広さは約190平方キロメートルで評価額は5356億1200万円。これに建物などを加えると5551億4400万円となる。

そして生活費は、税金から賄われている。皇室にかかる費用を**皇室費**といい、内廷費・宮廷費・皇族費の三つがある。

まず、内廷費とは、天皇、皇后、皇太子とその家族、未婚の皇子女、皇太后の生活費のこと。宮廷費は内廷費以外の宮廷運用費用で、施設整備や儀式にかかる費用、国賓や公賓の接遇や海外訪問における交際費などが含まれる。最後の皇族費は、内廷皇族以外の皇族の生活費だ。

2016年度の予算額は、内廷費3億2400万円、宮廷費55億4558万円、皇族費が2億2997万円だった。これに宮内庁費109億3979万円を加えた額が、皇室にかかる費用となる。といっても、金額が金額だけに、ピンとこない人も多いのではないだろうか。

ちなみに、国家予算である以上、所得税の対象にはならないが、区民税と都民税は課税対象となるため、**皇族にも税金を支払う義務がある**。また、私有財産は相続税の対象となるため、昭和天皇が崩御したとき、今上天皇は4億2000万円を支払っている。

これらの額が、果たして多いのか少ないのか。庶民には実感が得られないことは確かだ。

まとめ

- **戦前の皇室は、世界有数の財閥と呼ばれるほど莫大な財産があった**
- **戦後、皇室財産は凍結されたが、現在でも5000億円を超える資産がある**
- **皇室の生活費は税金から賄われており、160億円以上が計上されている**

46 天皇をサポートする国の機関とは？

飛鳥時代に誕生した組織

皇室をサポートする組織といえば、**宮内庁**《くないちょう》を思い浮かべる人は多いだろう。現在でこそ内閣府の下に置かれているが、戦前は宮内省と呼ばれ、内閣から独立した機関だった。

その歴史は約1300年前の飛鳥時代に遡《さかのぼ》る。701年、文武天皇が「大宝律令」を施行した際、定められた二官八省の一つに設置されたのが始まりだ。

明治時代には、軍事の統帥権を持つ天皇直属の機関として、最盛期には6000人以上の職員を抱える大所帯となった。警察・衛生・土木など幅広い国内行政を担った内務省でも、職員数は1万7000人程度。皇室業務だけで内務省の約3分の1の官吏が在籍していたのだか

天皇を補佐する機関・宮内庁

ら、いかに巨大な組織であったかが窺える。
だが戦後はＧＨＱの指示の下、組織は大幅に縮小され、職員数は９００人程度にまで削減されることになった。

宮内庁のオモテとオク

宮内庁の組織構成は**「オモテとオク」**と呼称されることがある。オモテとは事務方を指し、人事などを担う秘書課、広報などに携わる総務課など計5課。宮内庁病院の管理も含まれる。このオモテが組織を運営し、皇室財政などをチェックする国会へも対応している。

一方「オク」とは、皇室一家の身辺の世話をする役職だ。公務の手伝いや国璽《こくじ》（印章）の保管を行う侍従《じじゅう》職や、伝統行事や雅楽演奏を担当する式部《しきぶ》職などがある。古典的な名称が用いられているのが、他の省庁にない特徴だ。

中には、宮内庁ならではの仕事もある。40万点以上保存されている蔵書の修理を行う書陵部《しょりょうぶ》は、和綴じの古文書をピンセットで剥がすような、緻密な作業を行っているという。

また大正天皇の時代までは、侍従職に属する女官は未婚女性が住み込みで世話をし、ときには側室の役目まで担っていた。

オクの職員は、公務員というより**「天皇家にお仕えする」意識が伝統的に強い**とされ、旧華族など皇室と縁の深い人々が多く奉職した。公家である冷泉家《れいぜいけ》出身で、昭和天皇に半世紀以上仕えた元侍従長・入江相政《いりえすけまさ》はそのいい例だ。

皇室を護る皇宮警察

宮内庁の他、皇室に関わる機関としては、**皇宮警察**がある。皇宮警察は、1886年に宮内省所属の組織として創設されたが、1954年の警察法制定とともに警察庁の付属機関となった。職員は皇宮護衛官と呼ばれ、天皇家の人々を皇居や行幸先で護衛するほか、騎馬や側車と呼ばれるサイドカーで、皇居を訪れる国賓の警護なども実施する。

また、一般の警察官と同じように**司法警察員の権限**が与えられており、天皇家の人々に対する犯罪や、皇居で事件が発生した場合には捜査も行う。

一方、警察官にはない任務として「火災への対応」がある。本来、消防署が担う役目だが、皇宮警察では自前の消防車を持ち、**全職員がポンプ操法などの消火活動を行うことができる**のだ。

皇宮警察の定員は900人余りで、その育成は一般の警察学校とは別の「皇宮警察学校」で行われる。宮内庁同様、皇居内にある全寮制の学校では、拳銃の扱いや逮捕術といった護衛のスキルはもちろん、乗馬や外国語、また和歌や華道に至るまで幅広い素養を学ぶことになる。これらを大卒なら6カ月（高卒は10カ月）の期間で修得するため、朝6時の起床から23時の消灯まで、びっしりとスケジュールが詰まっているという。

このように、国民統合の象徴である天皇の生活は、宮内庁や皇宮警察計2000人近くの職員によって365日支えられているのである。

まとめ

- 天皇をサポートする宮内庁は、戦前は天皇直轄で人員も莫大な巨大機関だった
- 宮内庁は事務方中心のオモテと、天皇世話役などのオクという特殊な構成をもつ
- 皇宮警察は、消火活動・和歌・華道など、一般の警察とは異なる活動も多い

47 女系天皇を認めないのはなぜか？

女性天皇と女系天皇

「皇室典範」第1条には、**「皇位は男系の男子が継承する」**旨が記されている。これにより、2017年2月現在の皇室18人（今上天皇を除いた人数）のうち、皇位継承順位の第1位は皇太子殿下、第2位が秋篠宮殿下、第3位は悠仁親王殿下、第4位には天皇陛下の弟君・常陸宮殿下と、全て男性によって占められている。

しかし、過去には女性の天皇も存在したのでは、と疑問に思う人もいるだろう。

まず、ここでいう「男系」とは、父方の血統による継承を意味する。推古天皇や斉明天皇は「女性天皇」ではあったが「女系天皇」ではなかった。つまり、「女性天皇」とは文字通り女性

天皇名	在位	続柄
推古天皇（33代）	592 - 628年	第29代欽明天皇の皇女
皇極天皇（35代）	642 - 645年	第30代敏達天皇の男系曾孫
斉明天皇（37代）	655 - 661年	※皇極天皇が再び即位
持統天皇（41代）	686 - 697年	第38代天智天皇の皇女
元明天皇（43代）	707 - 715年	第38代天智天皇の皇女（持統天皇の異母妹）
元正天皇（44代）	715 - 724年	第40代天武天皇男系孫
孝謙天皇（46代）	749 - 758年	第45代聖武天皇皇女
称徳天皇（48代）	764 - 770年	※孝謙天皇が再び即位
明正天皇（109代）	1629 - 1643年	第108代後水尾天皇皇女
後桜町天皇（117代）	1762 - 1770年	第115代桜町天皇皇女

過去の女性天皇。皆男系の流れをくむ。

の天皇を指すが、いずれも父方から皇室の血を受け継いだ「男系の女性天皇」である。

一方、女性天皇が一般の男性と結婚し、その子どもが皇位につけば、たとえそれが男子であっても、母方から天皇家の血を引くため女系天皇と呼ばれることになる。歴史上この女系天皇が即位することはなかった。

皇室の伝統である男系継承

実際、**天皇家では父方の系統が一貫**されており、今上天皇から父親を遡っていくと、系譜上は初代神武天皇に辿り着く。実在の怪しい天皇もいるが、少なくともこれが世界でも類を見ない「万世一系」と言われる所以である。

さらに、先に記したように皇室典範では、女系のみならず女性も承継者から除外された。これは明治時代成立の旧皇室典範の影響だ。作成の中心を担った法制局長官の井上毅は「女性には参政権がなく、政治的権能も持たないのに、最高の地位にある天皇が女性であることは不合理」と主張した。

また、大日本帝国憲法は「天皇は陸海軍を統帥する」と定めていたが、軍の最高指揮官が女性であることに異議を唱える声も多かったという。

だが、この厳しい継承条件は、将来的に皇位継承者が存在しなくなる恐れのある「皇位継承問題」に発展することになったのである。

少ない皇位継承者

1965年11月の秋篠宮文仁親王以来、皇室には男子が誕生しない状態が長く続いた。旧皇室典範が作成されたときには、想定外の事態だろう。というのも、明治期の皇室には側室制度が存在し、男系であれば非嫡出子の継承も認められていたため、皇位継承者が絶えることはないと考えられていたのだ。

だが、昭和天皇の時代に側室制度は廃止され、また戦後にGHQが下した「皇族の財産上その他の特権廃止に関する指令」により、伏見宮家や久邇宮《くにのみや》家《け》など11宮家が皇籍から大量離脱。

そのことも皇位資格者を減らす一因となった。

そこで、将来の継承者を確保するため、２００４年12月に当時の小泉純一郎首相が諮問機関「皇室典範に関する有識者会議」を発足させた。また民主党（当時）も２００４年の参院選のマニフェストに「女性天皇容認」を掲げるなど、皇位継承問題に高い関心が寄せられた。ただ、**2006年9月6日、41年ぶりの皇族男子として秋篠宮家に悠仁親王が誕生し、次世代の皇位継承者が現れたことで、議論も下火になった。**

それでも根本的な問題が解決されたわけでない。男系男子が永続する保証はどこにもないのだ。そのため識者の間でも、女系導入を新たな形として認めるべきという意見もある。だが男系を貫くべしという主張も根強く、意見が割れているのが現状だ。男系維持にせよ、女系容認にせよ、冷静な議論のもとで速やかに合意点を見出すことが、今後の課題となってくるだろう。

まとめ

- 歴史上の天皇は男系のみであることから、女系天皇は法律で認められていない
- 旧法の影響で継承者は男系男子のみだが、条件の厳しさが現在問題視されている
- 皇族の減少で男系男子は減少しており、天皇制存続のためには新しい規定が必要

48 今上天皇ご退位の問題点とは？

「お気持ち」の表明

会社員や公務員のほとんどは、一定の年齢に達すると定年退職を迎える。また、自営業であっても、肉体的な衰えを感じたとき、職を辞することは可能だ。では、天皇が職務を全うできないと感じたとき、自らの意思で退位することはできるのか？

そんな疑問に一石を投じる出来事が、2016年7月13日に起きた。

この日、今上天皇は**生前退位**のご意向を示し、翌月8日には国民に向かって「お気持ち」を表明されたのだ。「身体の衰えを考慮する時、これまでのように、全身全霊をもって象徴の務めを果たしていくことが、難しくなるのではないかと案じています」と語られた。

生前退位のご意向を示された今上天皇（宮内庁提供）

今上天皇は、2016年時点で83歳。年間1000件にも及ぶ書類への署名・押印や、国賓との会見など、1年のうち300日近くが公務であるという。高齢の身には相当な激務だろう。さらに前立腺がんや心臓のバイパス手術などの病歴もあるため、体力的に厳しいのも肯《うなず》ける。

今上天皇のご意向に国民も納得し、世論は8割以上が生前退位に賛成した。だが、今上天皇のご意向は、そう容易く実現できるものではないのである。

想定外の生前退位

その最大の理由の一つは、**現在の象徴天皇制が、生前退位の事態を想定していなかった**ことにある。

もっとも、生前退位は天皇家の歴史において珍しくない。むしろ、歴代天皇の半数近くが譲位を実行していたぐらいだ。

だが、明治時代に入って皇室典範が制定されると、「天皇が崩御されたときは、皇嗣《こうし》は、直ちに践祚《せんそ》し祖宗の神器を継承する」と規定された。つまり、**皇位継承は天皇の崩御があったときのみ行われるとされ、生前退位に関する記述は設けられなかった**のである。理由は、天皇が退位を武器に政府サイドに圧力をかける事態を防ぐためであったとも言われている。

この「皇位継承は天皇の崩御のときのみ」という規定は、戦後に改正された皇室典範にも継承されたため、今上天皇がいくら望んでも、法律を整備しなければ実現することはできないのだ。

生前退位がもたらす懸念

今上天皇のご意向を叶えるためには、国会で皇室典範の改正を行うなど、新たな立法措置を講じる必要が出てくる。だが、生前退位を制度として認める規定を設けると、今後の皇位継承や皇室の在り方にも混乱をもたらす可能性もある。退位が自由意思で行えるなら、即位を拒む自由を認めることにも繋がり、天皇制の存立を危うくするという指摘もあるのだ。

また退位を認めるにしても、その要件や手続きについて明確なルールを設定しておかなければば、天皇の皇位が政治的に利用される恐れもある。昭和初期には、陸軍が協調外交路線を重視した昭和天皇を批判し、弟の秩父宮雍仁《やすひと》親王を天皇にすげかえようと画策した事件もあった。

そこで生前退位を認めるのではなく、公務を軽減する案も出ている。その一つが、**「摂政」制度**の活用だ。皇室典範16条2項は「天皇が、精神若しくは身体の重患又は重大な事故により、国事に関する行為をみずからすることができないときは、皇室会議の議により、摂政を置く」と定めている。この「身体の重患」の要件を緩和し、皇太子殿下に摂政に就任して頂くことも選択肢の一つだろう。

また、生前退位を**今上天皇一代に限る特別法**にすべきだと主張する政治家も多いが、天皇の地位については憲法第1条に「日本国民の総意に基く」と記されている。まずは、今上天皇が語られたお気持ちをしっかりと受け止めることが、国民に求められる姿勢だといえるだろう。

まとめ

- **今上天皇の生前退位に国民は賛同しているが、その実現には法改正が欠かせない**
- **皇室典範には生前退位に関する規定がないため、法改正か特別法の制定が必要**
- **生前退位を恒久制度として認めるのには消極的な意見も少なくない**

主要参考文献・ウェブサイト

「別冊歴史読本23　古代謎の王朝と天皇」（新人物往来社）
「別冊歴史読本33　歴代天皇・皇后総覧」（新人物往来社）
「別冊歴史読本53　天皇家歴史大事典」（新人物往来社）
「日本の歴史2　古代国家の成立」直木孝次郎著（中央公論社）
「日本の歴史23　大正デモクラシー」今井清一著（中央公論新社）
「日本の歴史25　太平洋戦争」林茂著（中央公論新社）
「日本の歴史4　天平の時代」栄原永遠男著（集英社）
「日本の歴史5　平安建都」瀧浪貞子著（集英社）
「日本の歴史6　王朝と貴族」朧谷寿著（集英社）
「日本の歴史7　武者の世に」入間田宣夫著（集英社）
「日本の歴史03　大王から天皇へ」熊谷公男著（講談社）
「天皇の歴史02　聖武天皇と仏都平城京」吉川真司著（講談社）
「天皇の歴史03　天皇と摂政関白」佐々木恵介著（講談社）
「天皇の歴史04　天皇と中世の武家」河内祥輔・新田一郎著（講談社）
「天皇の歴史05　天皇と天下人」藤井讓治著（講談社）
「天皇の歴史06　江戸時代の天皇」藤田覚著（講談社）
「天皇の歴史07　明治天皇の大日本帝国」西川誠著（講談社）

「天皇の歴史08　昭和天皇と戦争の世紀」加藤陽子著（講談社）
「敗者の日本史6　承久の乱と後鳥羽院」関幸彦著（吉川弘文館）
「その時歴史が動いた33」（KTC中央出版）NHK取材班編著
「面白いほどよくわかる　天皇と日本史」阿部正路監修（日本文芸社）
「史談　太平記の超人たち　後醍醐天皇・正成・尊氏」上田滋著（中央公論社）
「信長と天皇」今谷明著（講談社）
「逃げる公家　媚びる公家　戦国時代の貧しい貴族たち」渡邊大門著（柏書房）
「天下統一　秀吉から家康へ」黒嶋敏著（講談社）
「武家と天皇」今谷明著（岩波書店）
「皇室制度」鈴木正幸著（岩波書店）
「大逆事件　死と生の群像」田中伸尚著（岩波書店）
「幸徳秋水等の大逆事件」武安将光著（勁草書房）
「昭和天皇伝」伊藤之雄著（文藝春秋）
「御前会議　昭和天皇十五回の聖断」大江志乃夫著（中央公論社）
「昭和天皇　ご生誕100年記念」出雲井晶著（産経新聞社）
「昭和天皇と戦争」ピーター・ウエッツラー著／森山尚美訳（原書房）
「天皇・皇室を知る事典」小田部雄次著（東京堂出版）
「美智子妃」河原敏明著者（講談社）
「心のアルバム　美智子皇后」河原敏明著（講談社）
「足利義満　公武に君臨した室町将軍」小川剛生著（中央公論新社）

「後醍醐天皇　南北朝動乱を彩った覇王」森茂暁著（中央公論新社）
「天皇」矢作直樹著（扶桑社）
「難波大助・虎ノ門事件　愛を求めたテロリスト」中原静子著（影書房）
「資料日本占領1　天皇制」山極晃・中村政則編（大月書店）
「幕末の天皇・明治の天皇」佐々木克著（講談社）
「逆説明治維新　書き換えられた近代史」榊原英資著（日本文芸社）
「知っておきたい日本の皇室」皇室事典編集委員会監修（角川学芸出版）
「明治天皇の一日」米窪明美著（新潮社）
「天皇陛下の私生活」米窪明美著（新潮社）
「知識ゼロからの神道入門」武光誠監修（幻冬舎）
「図解　古事記・日本書紀」多田元監修（西東社）
「日本人なら知っておきたい古代神話と神々」武光誠著（河出書房新社）
「家紋のすべてがわかる本」高澤等監修（ＰＨＰ研究所）
「食べて効く！飲んで効く！食べる薬草・山野草早わかり」（主婦の友社）
「名前でよむ天皇の歴史」遠山美都男著（朝日新聞出版）
「日本の神社」渋谷申博著（新人物往来社）
「天皇家と神社の秘密」歴史謎学倶楽部編（メディアックス）
「歴代天皇の実像」所功著（モロラジー研究所）
「旧皇族が語る天皇の日本史」竹田恒泰著（ＰＨＰ研究所）
「天皇陛下の全仕事」山本雅人著（講談社）

「天皇のすべて」不二龍彦著（学研パブリッシング）
「歴史の表舞台に立った天皇」武光誠著（河出書房新社）
「総図解　よくわかる天皇家の歴史」『歴史読本』編集部編（新人物往来社）
「皇室がわかる本」エソテリカ編集部編（学研パブリッシング）
「天皇家の常識」松崎敏弥著（新人物往来社）
「日本人なら知っておきたい「皇室」128のなぜ?」松崎敏彌著（PHP研究所）
「天皇はなぜ滅びないのか」長山靖生著（新潮社）
「天皇・皇室を知る事典」小田部雄次著（東京堂出版）
「天皇の日本史」武光誠著（平凡社）
「江戸時代の天皇」藤田覚著（講談社）
「知られざる皇室」久能靖著（河出書房新書）
「皇族」小田部雄次（中央公論新社）
宮内庁ホームページ（http://www.kunaicho.go.jp/）
皇宮警察本部ホームページ（http://www.npa.go.jp/kougu/）

日本人として知っておきたい

天皇と日本の歴史

2017 年 3 月 22 日第 1 刷
2019 年12月 24 日第 2 刷

編者　皇室の謎研究会
制作　オフィステイクオー
発行人　山田有司
発行所　株式会社　彩図社《さいずしゃ》
〒 170-0005
東京都豊島区南大塚 3-24-4　MTビル
TEL 03-5985-8213　FAX 03-5985-8224
URL：https://www.saiz.co.jp
Twitter：https://twitter.com/saiz_sha
印刷所　新灯印刷株式会社

ISBN978-4-8013-0213-6 C0021
乱丁・落丁本はお取り替えいたします。